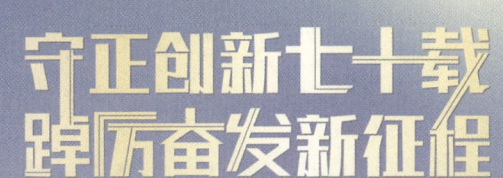

城市智慧道路研究与实践

DESIGN AND PRACTICE OF URBAN INTELLIGENT ROAD

游克思 刘 艺 罗建晖 编著

同济大学出版社
·上海·

图书在版编目(CIP)数据

城市智慧道路研究与实践 / 游克思，刘艺，罗建晖编著. -- 上海：同济大学出版社，2025.6. -- ISBN 978-7-5765-1387-5

Ⅰ. U495

中国国家版本馆CIP数据核字第2024A2R710号

城市智慧道路研究与实践
RESEARCH AND PRACTICE OF URBAN INTELLIGENT ROAD

游克思　刘　艺　罗建晖　编著

责任编辑　胡晗欣
责任校对　徐逢乔
封面设计　陈益平

出版发行　同济大学出版社　www.tongjipress.com.cn
　　　　　(地址：上海市四平路1239号　邮编：200092　电话：021-65985622)
经　　销　全国各地新华书店
排版制作　南京月叶图文制作有限公司
印　　刷　上海安枫印务有限公司
开　　本　787 mm×1092 mm　1/16
印　　张　11.5
字　　数　217 000
版　　次　2025年6月第1版
印　　次　2025年6月第1次印刷
书　　号　ISBN 978-7-5765-1387-5
定　　价　128.00元

版权所有　侵权必究　印装问题　负责调换

前　言

我国城市道路交通基础设施不断完善，对城市经济发展起到重要的支撑作用。然而，当前城市道路交通系统仍存在一些缺陷：通行效率低，拥堵问题日益突出；公共交通体系结构不完善，服务品质不高；非机动交通系统安全性不足；静态交通系统面临停车难、停车乱的问题。这些问题的解决亟须智慧化新技术的赋能与升级。

目前，城市道路领域已开展了智慧化建设探索，但对城市智慧道路的认识，要么缺乏统一性，要么存在局限性；对于城市智慧道路建设目标、建设效果以及可持续发展实施路径均缺乏深入理解，需要进一步研究和实践。近年来，作者参与了多个片区智慧交通基础设施的顶层规划以及城市智慧道路的设计工作，并牵头组织国内多家单位编制完成了中国工程建设标准化协会团体标准《智慧城市道路设计标准》，对智慧城市道路的概念体系、建设目标、智慧分级、体系架构和应用场景体系等方面进行了系统研究，取得了阶段性成果。

基于此，本书从城市道路智慧化建设体系、设计方法、应用场景及实践案例等方面展开阐述，提出了符合实际应用需求的分类分级建设方案、城市智慧道路的体系架构以及其应用场景体系，可为我国城市智慧道路的设计提供科学合理的参考。

在本书撰写过程中，上海市政工程设计研究总院（集团）有限公司的张海城、孙培翔、刘灿负责第5章应用案例的整理工作，上海海事大学于棋峰负责第2章内容的整理工作。本书还引用了《智慧城市道路设计标准》的相关内容，在此对编制单位北京市市政工程设计研究总院有限公司的刘亚珊、深圳市城市交通规划设计研究中心股份有限公司的戴文涛等一并表示感谢。

书中参考引用了大量国内外文献资料，所引用文献已尽量做到一一标注，但难免存在疏漏。如有引用或理解不当之处，敬请谅解，并向所有被引用文献的作者致以诚挚谢意。

作者
2025年3月

目 录

前言

第 1 章　绪论 ··· 1
  1.1　宏观背景 ··· 1
  1.2　建设必要性 ·· 4
  1.3　城市智慧道路的理解 ··· 6

第 2 章　城市道路智慧化案例与发展 ·· 10
  2.1　国外智慧道路案例 ·· 10
    2.1.1　欧洲智慧道路案例 ··· 10
    2.1.2　美国智慧道路案例 ··· 18
    2.1.3　日本智慧道路案例 ··· 24
  2.2　国内城市智慧道路案例 ··· 29
    2.2.1　快速路相关案例 ·· 29
    2.2.2　主次干路相关案例 ··· 34
    2.2.3　国内城市智慧道路总结 ······································ 40
  2.3　国内智慧道路标准规范情况 ······································ 41
  2.4　总结分析 ·· 43

第 3 章　城市智慧道路体系架构 ·· 45
  3.1　概述 ··· 45
  3.2　城市智慧道路分类 ·· 45
  3.3　建设目标 ·· 47
  3.4　智慧分级 ·· 48
    3.4.1　智慧分级思路 ·· 50
    3.4.2　城市道路智慧化分级 ··· 51

	3.5	体系架构 ……………………………………………………	53
	3.6	应用场景体系 …………………………………………………	54
	3.7	城市智慧道路支撑体系 …………………………………………	58
		3.7.1　感知基础设施 …………………………………………	58
		3.7.2　网络基础设施 …………………………………………	61
		3.7.3　供电能源网络 …………………………………………	64
		3.7.4　道路载体基础设施 ……………………………………	64
		3.7.5　管控平台 ……………………………………………	67
	3.8	设计方法与流程 ………………………………………………	68
		3.8.1　概述 …………………………………………………	68
		3.8.2　设计流程与内容 ………………………………………	68
		3.8.3　智能化设计与协调 ……………………………………	71
		3.8.4　设计成果文件 …………………………………………	72

第 4 章　城市智慧道路应用场景设计 …………………………………… 74

	4.1	快速路设计内容与要求 ………………………………………	74
		4.1.1　运营治理模块 …………………………………………	75
		4.1.2　养护运维模块 …………………………………………	79
		4.1.3　出行服务模块 …………………………………………	81
	4.2	主次干路设计内容与要求 ……………………………………	83
		4.2.1　运营治理模块 …………………………………………	84
		4.2.2　养护运维模块 …………………………………………	87
		4.2.3　出行服务模块 …………………………………………	88
	4.3	支路设计内容与要求 …………………………………………	89
		4.3.1　运营治理模块 …………………………………………	90
		4.3.2　养护运维模块 …………………………………………	91
		4.3.3　出行服务模块 …………………………………………	92
	4.4	地下道路设计内容与要求 ……………………………………	93
		4.4.1　运营管理模块 …………………………………………	94
		4.4.2　养护运维模块 …………………………………………	99
		4.4.3　出行服务模块 …………………………………………	100

第 5 章　城市智慧道路应用案例 ………………………………………… 102

	5.1	快速路高架高地联动控制应用 ………………………………	102
		5.1.1　项目概况 ……………………………………………	102

  5.1.2 问题与需求 ·· 103
  5.1.3 总体方案设计 ·· 103
  5.1.4 长沙路匝道控制方案详细设计 ·· 105
 5.2 主干路自动驾驶公交系统项目 ·· 116
  5.2.1 项目概况 ·· 116
  5.2.2 客流预测 ·· 116
  5.2.3 建设条件及线路设计 ·· 117
  5.2.4 车站工程 ·· 119
  5.2.5 道路工程 ·· 122
  5.2.6 车辆工程 ·· 124
  5.2.7 行车组织与运营管理 ·· 126
  5.2.8 智能化系统工程 ·· 128
 5.3 城市地下道路智能化建设项目 ·· 134
  5.3.1 项目概况 ·· 134
  5.3.2 设计目标 ·· 135
  5.3.3 总体方案设计 ·· 135
  5.3.4 数字孪生平台 ·· 139
 5.4 城市主干路智慧道路项目 ·· 140
  5.4.1 项目概况 ·· 140
  5.4.2 现状分析 ·· 140
  5.4.3 总体方案设计 ·· 142
  5.4.4 各功能模块设计 ·· 144
 5.5 片区无人驾驶应用规划项目 ··· 155
  5.5.1 规划范围 ·· 156
  5.5.2 目标愿景 ·· 156
  5.5.3 体系架构 ·· 158
  5.5.4 总体方案 ·· 161
  5.5.5 近期、中期规划方案——7个重点片区规划研究 ······························ 163
  5.5.6 远期规划方案 ·· 167

第6章 结论与展望 ·· 170

参考文献 ·· 172

第1章 绪 论

1.1 宏观背景

1. 城市交通基础设施建设需要践行新发展理念，构建高质量发展体系，实现更加集约化、绿色低碳的发展模式

我国发展已经到了必须以高质量发展为主要目标要求的关键阶段。习近平总书记在十三届全国人大四次会议中指出，高质量发展是"十四五"乃至更长时期我国经济社会发展的主题，关系我国社会主义现代化建设全局。高质量发展是对经济社会发展方方面面的总要求，是所有地区发展都必须贯彻的要求，也是必须长期坚持的要求。

2021年《政府工作报告》提出，扎实做好碳达峰、碳中和各项工作，制定2030年前碳排放达峰行动方案；优化产业结构和能源结构；促进新型节能环保技术、装备和产品研发应用，培育壮大节能环保产业，推动资源节约高效利用；实施金融支持绿色低碳发展专项政策，设立碳减排支持工具；提升生态系统碳汇能力。

高质量发展是全面建设社会主义现代化国家的首要任务，城市交通基础设施建设需要践行新发展理念，构建高质量发展体系，实现更加集约化、绿色低碳的发展模式。

在当前面临"条件约束、资源约束、低碳底线约束"的要求下，解决城市交通问题，需要从以往靠城市交通基础设施增量建设，转变为向存量挖潜力的方向发展。其中，发展智能化建设是有效措施，它能够实现资源更为合理的配置与整合，充分挖掘潜能，有效提升城市交通系统的运行效率与服务水平。

2. "人民城市"理念，对城市交通基础设施建设提出新要求

当前，我国大部分城市交通基础设施建设已达到了一定的规模和水平，彻底扭转了以往落后的局面，实现了根本性的转变。然而，现阶段又出现了新的矛盾，主要体现为人民对美好出行服务的需求与现有城市基础设施的精细化服务供给之间的矛盾。

人民对城市交通寄予了更高期望，对出行服务质量、服务水平、服务成本、服务层次、服务模式等均提出了更高要求。如今，出行需求已从单一交通方式的品质追求转向对不同交通系统间无缝衔接的运输需求，这就需要全链条的打通和突破，需要更加灵活、高效的新交通模式和方式的出现。

"人民城市人民建、人民城市为人民"的城建理念需要深入各项工作之中。对于交通治理，需要从以往的被动管理走向更为精细化的治理，将服务作为核心，着力提升对人的服务水平，打造安全、绿色、高效、便捷、经济的城市交通系统（图1-1），以切实满足人民群众在城市交通出行方面的多元需求。

图1-1　面向安全、绿色、高效、便捷、经济的城市交通系统设想

3. 在新一轮科技革命的驱动下，交通技术与出行方式的变革推动了城市基础设施的变革

从历史上看，蒸汽机革命、电力革命和信息革命都是由一些具有标志性意义的重大技术突破所引发的科技革命和产业变革。当前，新一轮科技革命和产业变革正持续向前推进，人工智能、大数据、信息通信等新一代信息技术正处于重要突破关口。互联网技术迅猛发展，已经从PC互联进入移动互联，并正在进入万物互联时代；与此同时，大数据、云计算、人工智能等技术的进步，正带来更加深刻、全面的变化。

以大数据、云计算和人工智能等数字技术为引领的世界新一轮科技革命和产业变革方兴未艾，这些新技术正加速推动交通与产业的融合发展。自动驾驶、智慧公路、超级高铁等一系列新技术、新业态、新产业、新模式不断涌现，催生了交通基础设施、运营组织、出行方式等层面颠覆性的变革。尤其是人工智能等技术即将进入规模化应用的新阶段，城市中复杂交通网络所具备的感知—传输—计算—研判能力也将迎来快速的更新迭代，这使得个体出行活动链感知、海量数据实时传输、超大网络节点秒级计算和大规模路网实时仿真成为可能，从而为交通领域的颠覆性变革创造了新契机。

网联交通是推动交通系统数字化转型的变革性技术，对促进交通基础设施、交通信息方位等产业链的转型升级具有深远影响和重大意义。

高速通信、云计算和大数据等技术的发展与应用将加速网联交通的建设落地，以高速网络通信作为连接各系统要素的桥梁，能够全面提升交通参与者、载运工具和道路基础设施之间的互联互通水平，改变"人-车-路"要素对于实时信息的感知、预测和交互方式，重塑各要素在系统中的角色，从而构建起"人-车-路-网"一体化且高度融合的网联交通系统。

物联网、云计算、大数据等现代先进信息技术深度赋能交通基础设施，精准感知、精确分析、精细管理和精心服务的能力得到全面提升。

交通工具"四化"发展，包括电动化、智能化、网联化和共享化的发展。电动化主要针对新能源汽车；智能化主要针对自动驾驶，自动驾驶分为 L0～L5 共 6 个等级，不同等级下的自动驾驶能力不同；网联化是指车与人、车与车、车与管理中心之间的信息交互，未来的汽车将发展成为网络上的大型移动智能终端，它不再仅仅是交通运输工具，还可作为工作和娱乐的平台；共享化是汽车发展的最终方向，目前共享化还只是一种概念，要真正实现共享化，还需要网联化、智能化的全面发展。"四化"发展对基础设施也提出了新要求（图 1-2—图 1-4）。

图 1-2　汽车智能化发展

图 1-3 服务无人驾驶的道路断面

图 1-4 特斯拉地下自动驾驶通道

1.2 建设必要性

1. 助力发展数字经济，提供重要载体和发展空间

城建、交通、汽车产业具有体量大的特点，其智能化建设将对信息、通信、数据等新兴产业形成有效助力。

城市交通基础设施智能化，是实现数字基础设施的创新模式，对推动新兴产业和新商业模式、创造新经济增长点有重要意义。

2. 推动智慧城市建设，作为重要落脚点和突破口

党的二十大报告提出，"加强城市基础设施建设，打造宜居、韧性、智慧城市"。智慧城市建设的一项重要内容是利用先进的信息技术，对城市进行智慧化管理，实现城市的智慧化运行和可持续发展，创造更美好的生活。

智慧城市建设涉及交通、民生、医疗、环保、公共安全、城市服务等多个领域。《中华人民共和国国民经济和社会发展第十四个五年规划和2035年远景目标纲要》提出，"分级分类推进新型智慧城市建设，将物联网感知设施、通信系统等纳入公共基础设施统一规划建设，推进市政公用设施、建筑等物联网应用和智能化改造"。城市交通基础设施是市政公用设施的重要构成，城市交通基础设施智能化改造是智慧城市建设的重要组成部分。

城市交通基础设施具有设施类型多、部门主体多、服务对象多和应用场景广的特点，既是各类交通方式、交通活动的重要载体，也是城市活动的重要空间；既涵盖了交通场景，也涉及城市管理、公共安全、应急保障等其他治理场景，其管理涉及交通、住房和城乡建设、城市管理等多个不同部门。城市交通基础设施智能化改造是智慧城市建设的重要切入点和重要抓手，为智慧城市建设提供坚实支撑，以点突破带动整个智慧城市建设的整体提升。一方面，城市交通基础设施智能化改造能够聚合更广的场景应用，满足更多领域的智慧化建设需求，起到"以点带面"的效果；另一方面，城市交通基础设施是各类智能基础设施的空间载体，包括综合杆、综合箱以及管网、供电设施等，城市交通基础设施智能化改造能够为智慧城市建设提供良好的支撑载体和基础设施底座。

可以看到的是，城市交通基础设施智能化改造将全面提升交通基础设施的运行效率、管理能级和服务水平，使其更韧性、更高效、更高质量、更可持续。将城市交通基础设施智能化改造作为智慧城市建设的突破口和落脚点，形成自下而上的推动力，有助于推动智慧城市建设，提升人民交通出行品质，让智慧城市建设更具体验感和获得感。

图1-5所示为城市交通基础设施智能化改造设想（智慧街道）。

图1-5　城市交通基础设施智能化改造设想（智慧街道）

3. 为城市交通面临的问题与挑战提供新策略和途径

据预测，到 2035 年我国客运量将达到 2020 年的 1.51 倍，货运量将达到 2020 年的 1.16 倍。与此同时，人民对出行品质有着更高的要求，追求效率、速度与品质兼具，以及个性化、定制化、精细化的服务。

随着经济高质量发展以及产业结构转型升级的推进，高附加值和轻型产品所占比例逐渐增加，小批量、多频次、高附加值的货物需求持续增长，这使得物流配送需要更加快捷、准时与便捷。

从数字经济到智慧城市，智慧道路建设最直接、最有效的意义最终体现在改善城市交通上。城市交通面临诸多问题和挑战，包括基础设施运行效率的提升、慢行系统服务品质的优化、公共交通如何提升用户体验并增加更多吸引力，以及停车难问题的攻克（图 1-6）。鉴于传统解决思路存在局限性，亟须运用智慧化新技术，以达成城市交通的提质升级。

图 1-6 当前城市交通基础设施存在的问题

1.3 城市智慧道路的理解

汽车载运工具电动化、智能化、网联化和共享化的发展，对交通道路基础设施提出了新的要求。"双智"试点推进，全国开始对城市智慧道路进行探索与实践。城市智慧道路"是什么、建什么、怎么建"也成为当前关注的热点。本书结合已开展实践，并依托相关标准编制工作，对上述问题进行归纳总结，为城市智慧道路建设提供参考。

1. 城市智慧道路是什么？

总体上，城市道路智慧化建设尚处于起步阶段，人们对其概念定义、功能定位等的认识不足，还存在局限性，例如：将城市道路智慧化建设等同于建设系统平台；或是将其等同于建设某一类设施（如智慧灯杆），过分扩大某些设施功能；或仅局限于面向智能网联和自动驾驶应用的道路。

本书认为应坚持"系统观念"，系统地而不是零散地、普遍联系地而不是单一孤立地去理解城市智慧道路。系统性具体体现在以下几个方面：

（1）全要素。城市智慧道路本质上还是城市道路，它是土建设施、附属设施、智能化设施、系统平台等各类要素的系统集合，而不是仅局限于信息化系统平台或特定的智能设施。各类要素之间有机联系，构成城市智慧道路体系。

（2）全过程。要从道路的规划、设计、施工、运维等全生命周期角度，考虑不同阶段的智慧化应用。

（3）全对象。要从道路使用者、运维管理者、政府监管者等不同主体对象的需求出发，满足不同的功能需求。既能服务先进的智能网联自动驾驶应用，也能服务传统交通管理和城市治理等。

在现有城市道路基础设施的基础上，开展信息感知技术、信息传输技术、数据分析处理技术、云平台等智能化技术应用；提升城市道路的运行效率、管理能级和服务水平。

因此，城市智慧道路是以城市道路基础设施为基础，通过融合信息感知、通信传输及数据分析处理等智能化技术，提升道路服务能力的新型城市道路。

2. 城市智慧道路建什么？

当前，各行各业在数字化转型进程中都逐步认识到了"问题导向"的重要性。将智慧化作为解决行业问题的技术手段，已成为行业内的共识。城市智慧道路建设需要牢牢抓住"应用场景"这个核心要素，围绕需求导向，梳理应用场景；根据应用场景要求，提出功能要求。

（1）从服务对象需求方面来看，应用场景可分为运营管理、运维养护和出行服务三类。其中，运营管理应用模块应包括交通管控、交通执法监管、运行监测和应急安全等应用场景；运维养护应用模块应包括设施监测、养护信息化和预防性养护等应用场景；出行服务应用模块应包括伴随式信息服务、停车服务、安全预警等应用场景。

（2）从道路类型特征方面来看，应用场景可分为城市快速路、主次干路、支路和城市地下道路四类，不同类型道路的应用场景的侧重点不同。城市快速路智慧化建设应重点围绕提升快速路运营安全、减少节点性拥堵、保障运行效率等应用场景展开；城市主次干路智慧化建设可重点解决交叉口多、交通状况复杂、交叉口区域机非干扰严重等影响效率和安全的问题，同时支撑公交的高效安全运行；城市支路智慧化建设应重点围绕提升慢行系统的品质和安全等应用场景展开；城市地下道路智慧化建设应重点关注地下道路的运行安全和防灾、抗灾能力的提升。具体建设内容需结合工程建设阶段、工程特征、服务水平、运营特征和交通特性等因素综合确定。

3. 城市智慧道路怎么建？

明确了城市道路的建设内容（即需求和场景）后，需要进一步解决如何落地的问题。根据功能要求，提出系统设施配置，明确需要什么样的平台、选用什么类型的智能化设施，以及如何部署、应该达到什么样的性能指标要求等。保障城市智慧道路有序可持续地建设，需要遵循一定客观规律，按以下原则进行建设。

（1）分期建设，做好近期实施与远期预留。

城市智慧道路建设应适应统筹规划、一次设计，根据需要分期实施。考虑未来发展融合，应做好功能的预留和拓展。考虑投资建设成本、技术成熟度及技术更新迭代，建设过程中应对建设内容进行优先级考虑，注重利用相对成熟的技术，充分考虑与现有道路弱电、机电设施的融合，优先可实施落地、迫切性强、实施效益高的应用场景，包括解决诸如局部拥堵、改善事故黑点、提升公共交通服务能力等痛点问题。

① 近期建设阶段。该阶段是城市智慧道路建设的重点阶段，其特征是在现状阶段基础上加强对道路感知能力的建设，重点建设基础设施的数字底座，适当提升分析及管控水平，为更高级的智慧分析与管控应用奠定数据基础。具体建设内容包括：感知层面，进一步提升对土建设备设施运行状态的感知，增加交通流数据的采集点位，全面提升感知范围、对象、精细度等，满足基础交通管控的要求；决策分析层面，增加独立的分析模块，对采集的数据进行分析，对当前状态进行研判；管控与服务层面，增加自动化控制及信息发布设施，部分代替道路现场管理人员工作，提升管理效率。

② 中期建设阶段。该阶段以近期建设阶段的道路建设实施情况与大量数据为基础，侧重于对数据分析能力的强化，以及道路预测预警、主动控制等功能的实现。具体建设内容包括：感知层面，进一步提升感知技术和关键指标性能，如提升感知准确率、降低延时等；决策分析层面，通过仿真推演等功能实现对未来趋势进行预测和预警的能力；管控与服务层面，提升软件算法能力，实现根据现场情况自适应反馈的功能，达到主动控制的目的。

③ 远期建设阶段。该阶段是智能网联和车路协同技术的全面应用阶段，以实现城市智慧道路主动管控和车路协同管控为目标。考虑智能网联技术的成熟度和普及率，这一阶段的具体建设内容包括：感知层面，进一步优化感知准确率、降低延时等关键指标性能，满足支撑车路协同的需求；决策分析层面，相较于中期建设阶段，该阶段预测推演

能力的准确率、覆盖场景等相关性能应有全面提升；管控与服务层面，增加车路协同控制模式。

（2）分级建设，合理选取等级与设施配置。

根据道路的感知能力、分析能力和管控能力，可将智慧道路等级从低到高分为 D1～D4 四个等级：D1 级为基础智慧化，D2 级为感知增强的初级智慧化，D3 级为主动管控的中级智慧化，D4 级为协同与自主管控式的高级智慧化。在建设中，首先需要选取合理的智慧等级，根据等级明确道路功能，进而确定相应的设施配置和性能要求。在满足标准的前提下，综合考虑效益产出，对新技术、新产品的选型和应用进行综合比选。

（3）协同建设，做好新建协同与既有整合。

对于新建道路，应在建设阶段围绕运营需求，系统性地开展智能化与土建工程的同步规划、设计与建设，重点做好三个协同：土建工程与智能化建设的协同，不同道路设施之间智能化建设的协同，智能化子系统建设与综合管理平台建设的协同。对于既有道路，应重点遵循以下原则：坚持设施利旧和整合提升，坚持功能复用以及与现有系统对接，整合利用现有交通感知设施和弱电系统，适度建设车路协同路侧感知、边缘计算设施等新型设备。

第 2 章　城市道路智慧化案例与发展

随着全球城市化进程的不断加快，城市交通系统面临着日益严峻的挑战，交通拥堵、环境污染以及道路安全等问题纷至沓来。为有效应对这些难题，城市道路向智慧化方向发展成为了关键解决方案之一。智慧道路的建设不仅可以提升交通系统的运行效率，还可以减少交通事故、降低能耗以及减少环境污染等。智慧道路是道路基础设施与新一代信息技术融合发展的必然产物，也是与智能汽车协同发展的必然选择。借助智能化的道路管理系统，能够实时获取交通信息，动态调控信号灯；通过车路协同技术，可以实现无人驾驶技术的应用与推广。道路智慧化已经成为全球城市交通发展的重要方向。

在此背景下，全球多国将智慧道路列入国家交通发展战略，历经多年探索与实践，形成了丰富的典型案例与经验。通过这些探索，智慧道路不仅成为解决城市交通问题的有效途径，也为未来城市发展提供了全新的思路和模式。

2.1　国外智慧道路案例

2.1.1　欧洲智慧道路案例

欧洲智慧交通主要以欧洲智能交通协会（European Road Transport Telematics Implementation Coordination Organization, ERTICO）发布的发展规划为总体指南。城市交通领域的发展路线如下：

2022 年，综合多种交通管理系统，连接流量管理网络。

2025 年，协同智慧交通（Cooperative Intelligent Transportation System, C-ITS）广泛应用于城市，实现集成出行解决方案的广泛可行性。

2030 年，实现为所有人提供完全灵活和个性化的出行。

与此同时，该发展规划明确界定了支撑自动驾驶的基础设施分级（Infrastructure Support Levels for Automated Driving, ISAD），其中 A 级代表了最高等级的基础设施支撑水平，如表 2-1 所示。

表 2-1 支撑自动驾驶的基础设施分级

类型	分级	名称	描述	提供给自动驾驶车辆的数字化信息			
				具有静态道路标识的数字地图	可变信息交通标志、告警、事故、天气	微观交通流	引导：车速、车间距、车道建议
数字化基础设施	A	协同驾驶	基于车辆行驶的实时信息，基础设施能够引导自动驾驶车辆（单车或编队），从而实现全局交通流优化	√	√	√	√
	B	协同感知	基础设施能够感知微观交通流，并向自动驾驶车辆提供实时数据	√	√	√	
	C	动态数字化信息	所有动态和静态基础设施信息能够以数字化形式提供给自动驾驶车辆	√	√		
传统基础设施	D	静态数字化信息（地图支持）	可获取带有静态道路标识的数字化地图数据；地图数据可通过物理参考点（地标标识）补充；交通信号灯、临时道路施工、可变信息交通标志需由自动驾驶车辆识别	√			
	E	传统基础设施（不支持自动驾驶）	无数字化信息的传统基础设施；需由自动驾驶车辆自行识别道路几何形状和交通标志				

欧洲的道路智慧化进程是从基础信息数字化，到协同感知，最终迈向协同决策的过程。目前，英、法、德等国已开展了一系列实践。

1. 英国智慧高速公路

英国是世界上较早开始建设智慧高速公路的国家。英国的智慧高速公路主要分为三种类型。

（1）受控型高速公路（Controlled Motorway，CM）：具有 3 条以上车道、硬路肩和可变限速设施。

（2）硬路肩动态管控型高速公路（Dynamic Hard Shoulder Running，DHS）：具有可变限速设施，在低速行驶限制的情况下有选择性地开放硬路肩作为行车道，并且每隔一定间距设置紧急停车区，如图 2-1 所示。

图 2-1　英国硬路肩动态管控型高速公路

(图片来源：Action plan announced to boost smart motorway safety. Available online: https://www.miragenews.com/action-plan-announced-to-boost-smart-motorway-safety.)

(3) 全车道行驶型高速公路（All Lane Running，ALR）：具有可变限速设施，硬路肩转为永久性行车道使用，并且每隔一定间距设置紧急停车区。

然而，值得一提的是，智慧高速公路在英国一直存在争议。在英国皇家汽车俱乐部发布的《2019 年汽车行业报告》中，68% 的受访者认为取消硬路肩会危及交通安全。2022 年初，英国政府宣布暂停全国的智慧高速公路计划，并表示在运输部整体评估完安全性之前，该项目将保持暂停。

2. 德国主动交通流管控系统

德国的主动交通流管控（Active Traffic Management，ATM）系统是一套旨在优化高速公路交通流、提高道路使用效率和安全性的综合性技术体系。自 20 世纪 60 年代末以来，德国在 ATM 领域的研究与应用一直处于世界领先地位。德国 ATM 系统经历了从最初的手动控制指路标志到现代自动化控制的演变，目前已成为德国高速公路管理的核心组成部分。

德国 ATM 系统的核心在于通过实时数据采集和分析，实施一系列动态交通管控措施。这些措施包括：速度和谐实施，通过自动调整车速以减少拥堵和事故风险；分车道动态限速，特别是在高速公路互通区域，以稳定进出车流；临时开放硬路肩，以增加拥堵时段的通行能力；动态货车管理，限制货车超车以减少车流干扰。此外，该系统还能对极端天气条件、交通事故和道路施工等事件作出快速响应，通过动态信息标志向驾驶员提供实时警告和指引（图2-2）。在北威州和黑森州，这些措施已经得到了广泛的实施和应用，有效缓解了交通压力，提高了道路安全。图2-3所示为德国黑森州交通控制中心（Verkehrszentrale Hessen，VZH）。

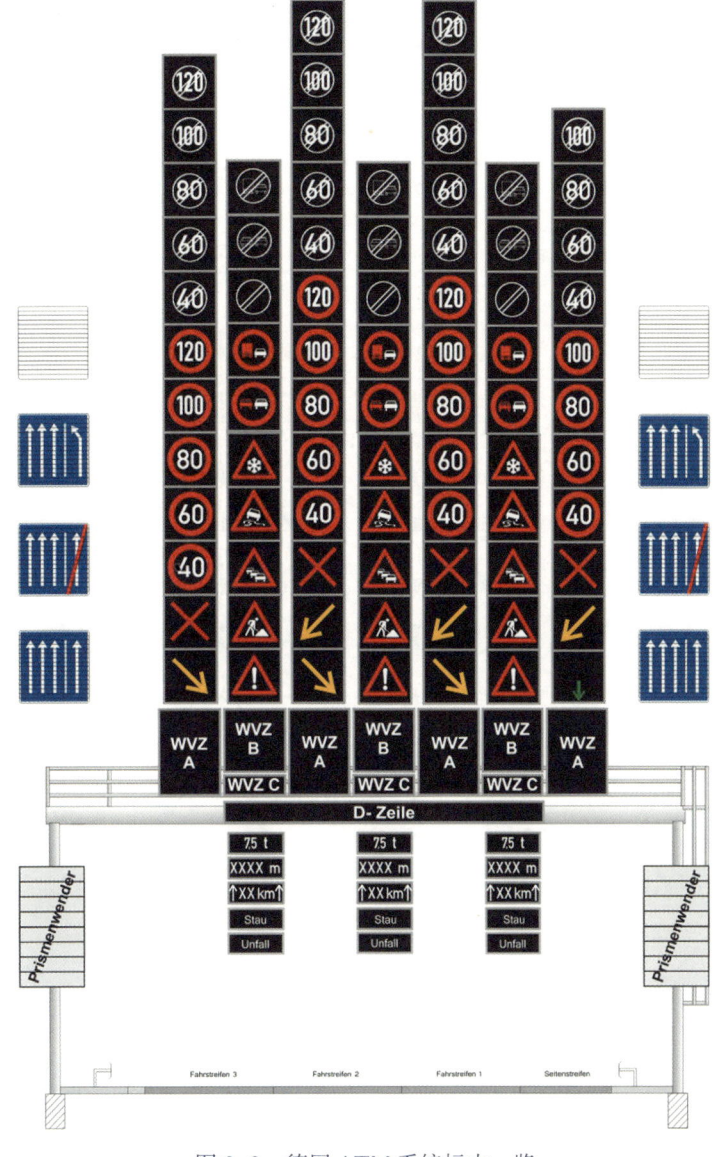

图2-2　德国ATM系统标志一览

［图片来源：孙芙灵. 德国主动交通流管控系统调研［J］. 中国交通信息化，2021（3）：85-89.］

图 2-3 德国黑森州交通控制中心（VZH）

（图片来源：Hessens Antwort auf den Stau. Available online：https：//www. faz. net/aktuell/rhein-main/verkehrszentrale-in-frankfurt-hessens-antwort-auf-den-stau-11514599. html. ）

在实际应用过程中，德国 ATM 系统的应用主要聚焦两大方面：一是信息服务与数据共享，二是技术整合与跨部门协作。

1) 信息服务与数据共享

德国的交通控制中心作为信息的集散地，不仅负责实时监控和分析交通状况，还通过多种渠道向公众发布交通信息。这些渠道包括自建的门户网站、官方与第三方手机应用程序、广播电台与交通信息频道（Radio Data System-Traffic Message Channel，RDS-TMC）以及车联网技术。通过这些服务，驾驶员能够在出行前或旅途中获取实时的交通状况、施工信息、停车场空位和充电桩位置等信息，从而作出更为合理的路线选择和出行决策。

2) 技术整合与跨部门协作

德国 ATM 系统的成功不仅在于其具有先进的技术，还在于跨部门的紧密协作。交通控制中心与交通警察、消防、救援和医疗等部门合作，确保了在紧急情况下，这些部门能够迅速有效地响应。此外，德国在车联网技术方面的研究，预示着未来交通信息服务将更加智能化和个性化。通过车对外界的信息交换（Vehicle to Everything，V2X）通信技术，车辆能够直接接收来自交通控制中心的管控信息，进一步提升了交通管理的实时性和精确性。

3. 法国 C-ITS 试点项目

法国在欧盟推动 C-ITS 的发展中扮演着重要角色，至今已开展了 ECIM（European Cloud Marker Place for Intelligent Mobility），SCOOP（Safety and Cooperative Operation of Intelligent Vehicles)、C-ROADS France、InterCor (Interoperable Corridors) 和 InDiD (Infrastructure Digitale de Demain) 等多个试点项目。

1) SCOOP 项目

SCOOP 是欧洲第一个 C-ITS 试点项目,主要通过道路管理人员与汽车制造商的合作,开发车对车(V2V)和车对基础设施(V2I)的通信系统。通过路侧单元(Road Side Unit, RSU;或称为 ITSSR),车辆之间可以共享信息,如告知湿滑路况、紧急制动等事件,确保后续车辆能及时响应,同时道路操作员也可以将相关信息传递给车辆。SCOOP 系统的核心组件包括交通管理系统(Transportation Management System, TMS)、中央智能交通系统站(ITSS-C)、路侧单元(RSU)、用户或道路运营商的车载单元(On Board Unit, OBU)、公共关键基础设施(Public Key Infrastructure, PKI)服务器,如图 2-4 所示。其中,TMS 也称为操作终端,由道路运营商负责,用于监控和管理道路交通流。ITSS-C 也称为 SCOOP 平台,作为信息处理的中枢,接收来自 TMS 的信息,并将处理后的数据转发至协作设备,而不直接与用户车辆进行通信。RSU 作为信息的本地广播节点,接收 SCOOP 平台的信息并将其传输至用户车辆。同时,RSU 还负责接收车辆发送的信

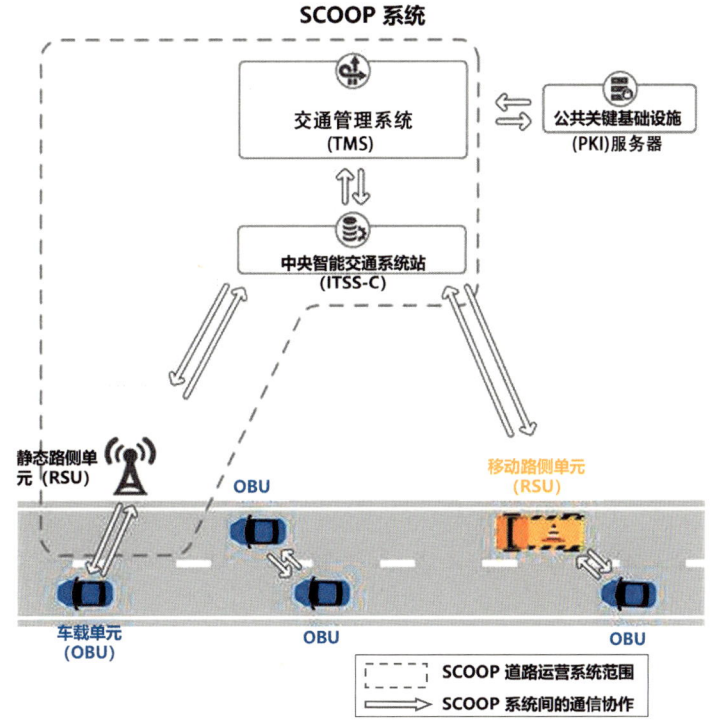

图 2-4　SCOOP 系统组件及交互协作示意图

(图片来源:Eco-System. Available online:https://www.scoop.developpement-durable.gouv.fr/en/eco-system-a5.html.)

息和查询，进行必要的处理，并以非合并形式将基于事件的消息发送回 SCOOP 平台。用户的 OBU 安装于用户车辆中，通过人机界面（Human Machine Interface，HMI）与用户交互，能够接收和处理来自其他车辆或 RSU 的信息，并通过 HMI 向驾驶员展示，但不具备直接与 SCOOP 平台通信的能力。道路运营商的 OBU 安装于道路运营商的车辆中，具备车载单元的全部功能，能够执行特定的道路运营商任务，能够直接与 SCOOP 平台进行通信，发送或接收信息，且具备移动 RSU 的功能。PKI 服务器用于确保 ITS 站之间通信的安全性。PKI 系统通过颁发具有有限有效期和指定权限的匿名证书，保障消息交换的完整性、真实性和保密性，同时符合欧洲电信标准协会（European Telecommunications Standards Institute，ETSI）标准的 ITS 通信安全要求。这些组件共同构成了 SCOOP 系统的基础设施，使其能够在智能交通环境中实现高效、安全的信息交换和交通管理。SCOOP 为 C-ITS 架构和安全性奠定了基础。

2) InterCor 项目

InterCor（Interoperable Corridors，可互操作走廊）项目是一项泛欧洲的合作计划，其核心目标在于实现 4 个参与成员国的 C-ITS 计划的互操作性。该项目涵盖了荷兰的 C-ITS 走廊，该走廊不仅连接了荷兰、德国和奥地利，还包括 SCOOP@F 项目的法国走廊、英国的伦敦至多佛走廊以及佛兰德斯地区的 C-ITS 计划。此外，InterCor 项目还与 C-ROADS 平台实现了互联互通。通过在全欧洲范围内的走廊网络上部署 7 项可互操作的 C-ITS 服务，InterCor 项目旨在提供无缝的连续性，并作为欧洲当前及未来 C-ITS 部署的试验平台。项目通过利用蜂窝网络、Wi-Fi ITS-G5 通信技术及其混合使用，使得车辆和相关道路基础设施能够在 C-ITS 走廊上进行数据传输。其终极愿景是实现人员和货物流动的安全性、效率性和便捷性的显著提升。

在法国，InterCor 项目的试点区域选定在该国北部约 400 km 的路段。该项目的实施计划将 SCOOP@F 项目的服务范围从巴黎向北延伸，覆盖包括 A1（巴黎-里尔）、A25 - A16（里尔-敦刻尔克/加莱）以及 A22（里尔-比利时）等路段，同时还包括巴黎的外环路。InterCor 项目在法国的实施不仅扩展了 C-ITS 服务的覆盖范围，也为欧洲智能交通系统的互操作性提供了重要的实践案例。

3) C-ROADS France 项目

C-ROADS France 项目是一项致力于实施 C-ITS 的先导性研究，该系统依托于车辆间的互联互通以及车辆与基础设施间的信息交流。参与项目的车辆装备了先进的传感器，用以侦测各种路面状况（如湿滑路面、碰撞事件、紧急制动等），并配备车载通信单元，以便通过 RSU 实现车对车（V2V）及车对基础设施（V2I）的信息传递。反之，基础设施的操作员也能将相关信息（例如道路施工状况）通过基础设施对车（I2V）的通信传递至车辆的 OBU。该项目的核心目标在于研发并验证一系列创新且具有互操作性的 C-ITS 解决方案，以期在未来实现这些技术的大规模商用部署。随着这些服务的普及，预计配备相应技术的新车及改装车辆将逐渐进入市场。

C-ROADS France 项目的一项显著成就在于推出了 CoopITS 智能手机应用。该应用最初在波尔多地区进行试点，随后作为 InDiD（Infrastructure Digitale de Demain，未来的数字基础设施）项目的一部分在法国全国范围内推广。开发这款智能手机应用的目的是在全面普及联网汽车之前，能够迅速部署并提供实用的智能交通服务。通过这种方式，C-ROADS France 项目不仅推动了智能交通技术的发展，也为公众提供了即时的智能交通体验。

4）InDiD 项目

InDiD 是一个由欧盟委员会在连接欧洲基金项目征集活动中选定的法国项目，自 2019 年 7 月启动，至 2024 年 6 月结束。该项目获得了欧盟 50% 的共同资助，旨在推广 SCOOP@F、C-ROADS France 和 InterCor 等合作式 C-ITS 的成果，不仅扩大了既有服务的覆盖范围，还开发了新的高级服务。

InDiD 项目的核心目标是扩展先前项目中已部署的用例，如紧急制动、事故报告和道路施工等，同时开发新的用例，特别是那些适用于城市环境和自动驾驶汽车增强感知的用例。此外，项目还关注于基础设施高清数字地图的创建。连通性和地图绘制是构成未来数字基础设施的关键要素，它们为物理基础设施提供了重要的补充。InDiD 项目不仅限于使用 ITS G5 和 4G 等现有技术，还积极探索 LTE-V2X、5G 等新技术的贡献，并研究它们与现有技术的融合潜力。最为关键的是，InDiD 致力于开发和完善自动驾驶汽车所需的 C-ITS 服务，以支持智能交通系统的未来发展。

4. 瑞典电气化道路

瑞典的电气化道路项目以数字化和电气化技术为核心，将在 2025 年建成全球首条永久性电气化道路。该线路规划全长 21 km，位于 E20 高速公路上，连接霍尔斯贝里和厄勒布鲁两地，地处斯德哥尔摩、哥德堡和马尔默三大城市构成的核心交通走廊，可通过动态充电技术为行驶中的电动汽车和卡车（特别是重型货运车辆）充电，减少对固定充电站的依赖，同时有助于降低电池体积和成本。

瑞典已经成功试行了 4 条临时电气化道路，包括南部隆德市的试点项目。目前瑞典交通管理局正对 3 种充电方案进行评估：高架电线、路面导电轨道以及路面下嵌入式感应线圈，如图 2-5 所示。这些方案旨在为运输车辆提供动态充电，尤其是减轻货运卡车对大容量电池的需求。该项目是瑞典计划在 2035 年前将电气化道路网络扩展到 3 000 km 的关键一步。值得一提的是，德国、意大利、以色列和英国在电气化道路系统方面也取得了类似的进展。

（a）高架电线

（b）路面导电轨道

（c）路面下嵌入式感应线圈

图 2-5　电气化道路系统充电方案

（图片来源：1. Sweden becomes first nation to open electric highway that powers trucks using overhead lines. Available online：https：//www. techspot. com/news/65317-sweden-becomes-first-nation-open-electric-motorway-powers. html.
　　　　　2. Sweden will build the world's first EV charging road. Available online：https：//www. topgear. com/car-news/electric/sweden-will-build-worlds-first-ev-charging-road.）

2.1.2　美国智慧道路案例

自 2010 年起，美国开始探索以高速公路为基础的智慧道路解决方案，并通过人工智能、大数据、物联网等先进技术推动智慧道路的发展。美国交通部（US Department of

Transportation，DOT）通过发布《自动驾驶战略》和《智能交通系统战略计划》，为智慧道路的发展提供了政策支持和技术指导，旨在提升道路安全性、通行效率和环境可持续性。比较典型的智慧道路项目有加利福尼亚州 I-80 SMART Corridor 项目、怀俄明州 I-80 Corridor-Connected Vehicle Pilot 项目以及密歇根州 I-94 Connected and Automated Vehicle Corridor 项目等。

1. 加利福尼亚州 I-80 SMART Corridor 项目

加利福尼亚州 I-80 SMART Corridor 项目是一个旨在通过智能交通系统提升道路安全性、改善旅行时间可靠性以及减少事故和拥堵的项目。该项目在美国加利福尼亚州旧金山湾区的 I-80 公路上实施，特别是从海湾大桥收费广场到卡基涅兹桥的 20 miles（约 32 km）路段。I-80 走廊在过去 10 年中一直是旧金山湾区最拥堵的走廊之一，日均车流量超过 31 万辆，平均每天延误时间达到 7 500 h。该项目的完成预计将使早高峰时段的车辆延误时间减少 22%，晚高峰时段减少 10%，并且预计早上的平均高速公路通行速度将比原先提高 5%。

项目通过实施交通运营策略（如自适应匝道信号控制和主动交通管理）实现其目标（图 2-6）。关键组成部分包括：

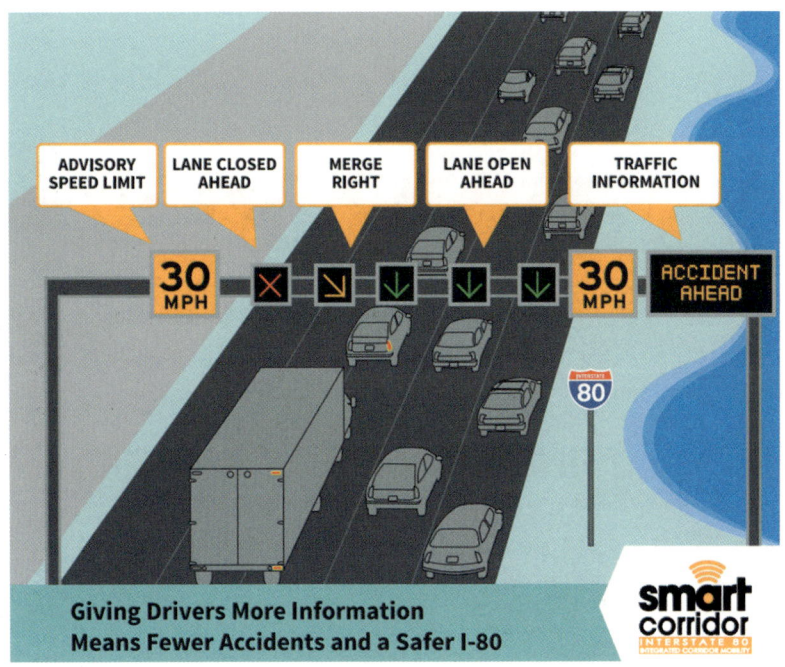

图 2-6 I-80 SMART Corridor 车道管控示意图

（图片来源：I-80 SMART Corridor. Available online：https：//dot. ca. gov/-/media/dot-media/programs/risk-strategic-management/documents/f0006429-mm-2015-q3-traffic-ops-technology-a11y. pdf.）

（1）缓解交通拥堵：通过使用闭路电视摄像机和交通检测设备监控交通运行状态，实施主动交通管理。具体包括调整匝道信号控制速率；激活各种电子标志，以显示建议速度、车道合并提示、旅行时间和公交信息；以及在事件发生后重新引导绕行交通回到高速公路上。

（2）提升旅行时间可靠性：通过"缓冲时间指数"来衡量行程时间的可靠性，这是出行者为确保按时到达目的地而增加的平均行程时间的缓冲。项目的成功取决于能否有效减少交通拥堵、优化出行时间、在重大事件发生后更快速地清理故障车辆以及减少温室气体排放。

（3）加速事件清除：该项目的事件管理部分能在事故发生时，即时向驾驶员推送实时信息，以减少非必要的车道变更行为，为紧急响应车辆提供更顺畅的通道，同时降低此类事件引发的次生事故频率和拥堵程度。

（4）减少温室气体排放：通过保持 I-80 公路上交通的顺畅性和可预测性，减少因交通拥堵而导致的温室气体排放。自适应匝道信号控制通过在走廊上创建平衡的交通流，并最大程度地弱化合流车辆对高速公路的影响，有力地减少了车辆的怠速时间，提高了车辆的通行效率。

I-80 SMART Corridor 正常通行情况和事故场景情况分别如图 2-7 和图 2-8 所示。

图 2-7　I-80 SMART Corridor 正常通行情况

（图片来源：I-80 Integrated Corridor Mobility. Available online：https：//amobility.com/portfolio-item/i-80-integrated-corridor-mobility.）

图 2-8　I-80 SMART Corridor 事故场景情况

(图片来源：I-80 Integrated Corridor Mobility. Available online：https：//amobility. com/portfolio-item/i-80-integrated-corridor-mobility.）

I-80 SMART Corridor 项目的资金主要来自选民批准的公共资金，包括州和联邦的交通改善计划，以及地方交通基金，总预算达 7 900 万美元。项目的成功实施依赖于多方合作伙伴的共同努力，包括联邦公路管理局、加州交通部、阿拉米达县以及康特拉科斯塔交通委员会、加州公路巡警等。通过与这些机构紧密合作，确保了技术的顺利部署和运营，同时通过公众教育和信息推广活动，提高了驾驶员对项目目标和操作的理解，实现了项目的社会效益最大化。

2. 怀俄明州 I-80 Corridor-Connected Vehicle Pilot 项目

怀俄明州的 I-80 州际公路是贯穿该州南部重要的东西向货运和客运通道，年货运量超过 3 200 万吨，其项目范围示意如图 2-9 所示。然而，由于恶劣的天气条件和频繁的交通事故，这条走廊面临着严重的安全和交通延误问题。为了提高道路安全性和交通效率，怀俄明州交通部（WYDOT）启动了联网车辆试点部署项目。该项目通过部署先进的车对车（V2V）和车对基础设施（V2I）通信技术，实现了一系列创新的交通安全和管理应用。

该项目在 I-80 公路上部署了 75 个路侧单元（RSU），并在 400 辆车（包括商用卡车和货运车辆）上安装了车载单元（OBU）。这些技术的应用包括前向碰撞警告（FCW）、基础设施对车辆（I2V）态势感知、施工区域警告、局部天气影响警告和遇险通知等，旨在通过实时数据共享和通信来提高驾驶员的警觉性和道路的响应能力。此外，项目还与货运合作伙伴、调度中心、卡车协会和其他利益相关者紧密合作，确保试点项目的成果能够在全国范围内推广和复制。

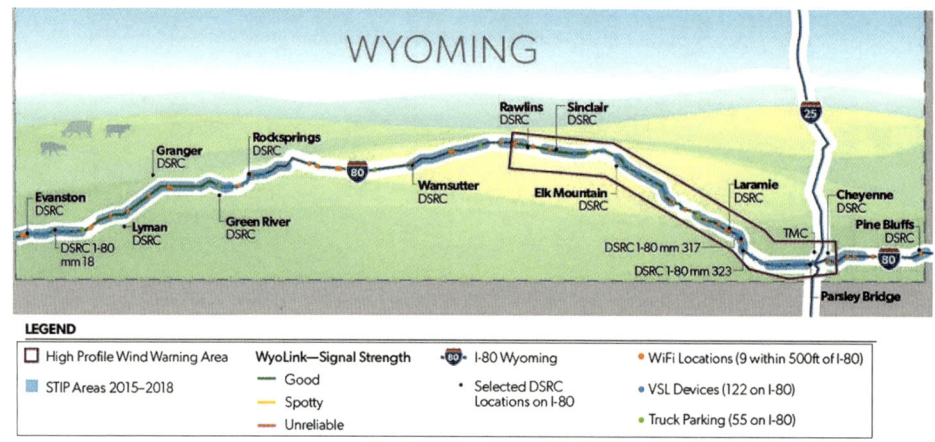

图 2-9　怀俄明州 I-80 Corridor-Connected Vehicle Pilot 项目范围示意

（图片来源：Ahmed M M, Yang G, Gaweesh S, et al. Performance evaluation framework of Wyoming connected vehicle pilot deployment program: summary of Phase 2 pre-deployment efforts and lessons learned. Journal of Intelligent and Connected Vehicles, 2019, 2（2）：41-54.）

通过这些技术应用的实施，怀俄明州的联网车辆试点项目不仅提升了 I-80 走廊的交通安全，还为未来智能交通系统的发展提供了宝贵的经验和数据支持。项目的成功实施预计将减少由恶劣天气引起的事故数量和严重程度，同时为驾驶员提供更准确的道路和交通状况信息，从而提高整个交通系统的效率和生产力。

3. 密歇根州 I-94 Connected and Automated Vehicle Corridor 项目

密歇根州于 2020 年启动了 I-94 Connected and Automated Vehicle Corridor（简称 CAV 走廊）项目，该项目是密歇根州交通部（MDOT）与 Cavnue 公司合作的一项创新工程，旨在通过建设智能车道来加速自动驾驶技术的应用。这条 CAV 走廊横跨 Wayne 县和 Washtenaw 县，将从底特律的 M-10 延伸至安娜堡的安娜堡盐路，利用现有的双向车道，打造一条由技术支撑的快速通道。项目着重于融合物理层面、数字领域、协调机制和运营维度的基础设施创新举措，提升道路的安全性、效率和运营能力，从而为用户提供更高效的移动体验。具体措施包括：

（1）路面标记的更新，从视觉上区分常规交通车道和由技术支持的快速车道。

（2）在道路中间地带安装新的传感器基础设施。

（3）在接入点设置至少 2 000 ft（约 609.6 m）长的区域，以确保车辆安全顺畅地进出快速车道。

(4) 探索物理分隔的可能性，以提高快速车道的安全性和效率。

(5) 安装新的交通标志，以提供清晰的信息和指导。

该试点项目位于西行 I-94 从 Belleville 到 Rawsonville 的道路上，全长 3 miles（约 4.83 km）。在 CAV 走廊项目的第一阶段，最左侧车道已经被改造成为一条由技术支持的快速车道。为了适应不同的交通需求，中间车道与最左侧快速车道之间设置了可移动的分隔柱。这些分隔柱在交通非高峰时段可以被移除，从而允许在左侧车道进行车辆测试，以进一步研究和开发自动驾驶技术。此外，I-94 的中间地带也安装了集成雷达、传感器和无线电设备的高科技柱，在测试期间用于收集交通流和车辆行为数据。所有收集到的信息将严格用于评估安全性和移动性等技术性能，旨在通过数据分析来优化 CAV 走廊的设计和运营，确保其为所有道路使用者提供最高标准的安全与效率。图 2-10 为快速通道改造设计效果图。图 2-11 为快速通道改造实景。

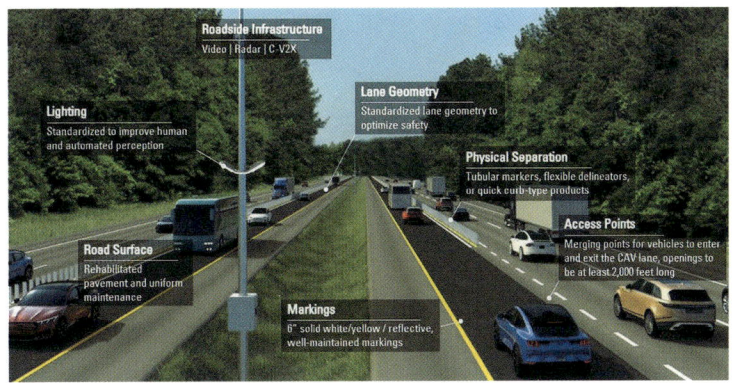

图 2-10　快速通道改造设计效果图

（图片来源：Pilot project converting I-94 section into smart highway will mean lane closures this week. Available online：https：//www.fox2detroit.com/news/pilot-project-converting-i-94-section-into-smart-highway-will-mean-lane-closures-this-week.）

图 2-11　快速通道改造实景

该项目与区域规划相互契合，推动了一系列关键政策目标的实现，例如提升了交通安全，促进了汽车制造商的中立性，增强了出行的可达性和公平性等。此外，CAV 走廊整合了自动驾驶巴士、共享车辆、货运车辆及私家车，连接了密歇根大学、底特律大都会机场等重要交通枢纽，进而在多个区域内推动了经济发展，激发了创新活力，创造了高薪工作岗位。

美国的智慧道路实践案例充分表明，通过引入先进技术和通信技术，可以有效提升道路的安全性与通行效率，以及环境的可持续性。随着技术的不断进步和政策的支持，智慧道路将在交通安全、交通拥堵治理和环境保护等方面发挥更加重要的作用。

2.1.3 日本智慧道路案例

日本自 1990 年代初期便着手发展智能交通系统（ITS），在发展过程中，重点关注交通流量的改善和交通拥堵的缓解。为此，日本引入了道路交通信息通信系统（Vehicle Information and Communication System，VICS）和电子收费系统（Electronic Toll Collection，ETC），后者具备自动支付高速公路费用的功能，极大地提高了收费效率。进入 2000 年代，日本继续推进 ITS 技术，于 2011 年推出 ITS Spot 服务，该服务能够为民众提供实时交通信息。2012—2014 年，日本加强了 ITS 在灾害预防和交通信息服务集成化方面的能力，并引入了更先进的数据通信技术。2014 年，升级版的 ETC 2.0 系统正式推出，这一系统的问世有效增强了交通管理的智能化程度。日本在智慧道路建设方面积累了一些典型的经验，具体介绍如下。

1. 道路交通信息通信系统（VICS）

道路交通信息通信系统（VICS）是日本最早实施的智能交通系统之一，自 1996 年起开始运用。该系统是一种基于车辆信息和通信技术的智能交通系统，旨在通过提供实时的道路交通信息，改善驾驶者的行车体验，减少交通拥堵，提高道路安全性。

VICS 通过车载设备和道路设施之间的通信，收集和传输各种交通信息，并提供给驾驶者（图 2-12 所示为 VICS 工作原理示意）。其主要功能包括以下几方面：

(1) 提供实时交通信息。VICS 提供实时的道路交通信息，包括拥堵情况、事故报告、施工区域和路况预警等。

(2) 路线规划和导航。基于实时交通信息，VICS 可以为驾驶者提供最佳的路线规划和导航服务。

(3) 事件和警报通知。VICS 可以发送事件和警报通知给驾驶者，如天气警报、交通事故和道路封闭等，这有助于驾驶者提前了解潜在的风险和危险情况。

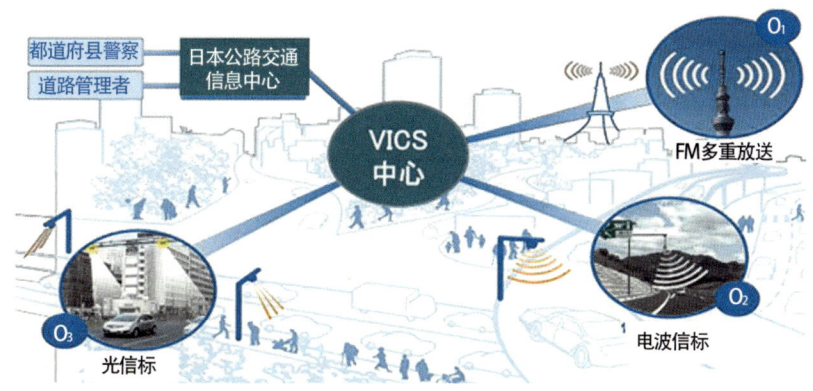

图 2-12　VICS 工作原理示意

（图片来源：日本智慧公路与 ETC 2.0. Available online：https：//www.shangyexinzhi.com/article/2452264.html.）

（4）交通管理和控制。VICS 与交通管理和控制系统集成，可以实现交通信号优化、拥堵管理和控制等，以提高道路交通流的效率。

通过 VICS，驾驶者可以更好地了解道路状况、规划行程，并在驾驶过程中更安全地进行导航。这不仅提高了交通效率，还减少了交通事故和拥堵的发生。同时，VICS 也为交通管理部门提供了重要的数据和工具，以更好地管理和优化道路交通系统。

2. ETC 2.0 系统

日本的 ETC 2.0（Electronic Toll Collection 2.0）系统是高速公路收费系统的升级版本，它利用先进的信息通信技术，提供了更高效、更便利的收费服务。ETC 2.0 系统采用双向通信技术，与传统的单向通信相比，具有可实现双向数据传输的优势。这意味着收费站和车辆之间可以进行实时的数据交换和通信。ETC 2.0 系统具有如下主要特点：

（1）实时收费。当车辆通过收费站时，实时进行收费，无需停车等待，大大节省了车辆通行时间。

（2）动态定价。支持根据交通流量、车辆类型等实时情况进行动态定价，以优化交通流量和提高道路利用率。

（3）车辆识别。对车辆（包括私家车、货车、高尔夫球车等）进行准确的识别和分类，为不同类型的车辆制定不同的收费标准。

日本 ETC 2.0 系统具有如下功能优势：

（1）自动支付。驾驶员只需在车辆上安装 ETC 2.0 装置，并将装置与银行账户或信用卡绑定，系统会自动从账户中扣除相应的费用，无需现金支付。

（2）数据传输。向驾驶员提供实时的路况信息、天气预报等服务，通过车载显示屏或手机应用进行显示和传输。

（3）支持多种支付方式。除了自动扣费外，还支持预付费、后付费等多种费用支付方式，满足不同用户的需求。

日本 ETC 2.0 系统提供三个基本服务：基于实时交通信息的动态路径导航、支援安全驾驶以及 ETC 收费。同时，ETC 2.0 系统能够实现车辆行驶数据的收集，包括对车辆行驶轨迹数据和异常行驶数据的收集。

总的来说，日本 ETC 2.0 系统通过引入双向通信技术和动态定价功能，实现了高速公路收费系统的升级，为驾驶员提供了更加便捷、高效的出行服务，同时也提高了道路利用效率和交通运输效率。目前，ETC 2.0 系统已经在日本的高速公路网络上得到广泛部署，几乎所有新建和改建的高速公路收费站都配备了 ETC 2.0 系统。对于驾驶员来说，ETC 2.0 系统提供了更加便捷、快速的收费服务，不仅减少了通行时间，还可以享受到实时的路况信息和其他附加服务，出行体验得到了很大的提升。

3. E1A 新东名智慧高速公路

E1A 新东名智慧高速公路是日本东名高速公路的一部分，起点位于东京都大田区，终点位于爱知县名古屋市，全长约 286 km。其路线途经神奈川县、静冈县、爱知县等多个地区。作为连接东京和名古屋两大经济中心的要道，E1A 新东名智慧高速公路是日本东部地区最为重要的交通干线之一。其采用了先进的道路设计和建设技术，路况优良，通行速度快。在部分路段，还设有应急车道，以应对交通拥堵或紧急情况。沿线设有多个服务区和休息区，提供加油站、便利店、餐厅、卫生间等多种服务设施，方便驾驶员停车和休息。E1A 新东名智慧高速公路在智能交通方面取得了一定的进展，包括交通信息收集与发布、智能监控、交通管理等方面的应用实践。具体应用如下：

（1）交通信息收集与发布设施。通过布设交通监控摄像头、车辆传感器等设备（图 2-13），实时收集道路交通数据。利用新型信息板发布实时路况、交通事件等信息（图 2-14），包括拥堵警报、事故通报及天气预警等。

（2）异常事故检测。利用图像处理技术对道路上的交通事故进行自动检测和识别（图 2-15）。当发生异常事故时，系统能够自动触发警报并向相关部门发送通知，以便及时处理。

（3）隧道监控。在隧道内部布设机器人摄像机，实现对隧道全方位监控（图 2-16）。机器人摄像机配备智能算法，能够识别隧道内的异常情况，如火灾、交通事故等，并及时报警。

（4）安全拥挤对策。针对拥堵区域，采用具有长余辉发光（Persistent Mechanoluminescence，PML）功能的自走式诱导灯进行交通管理（图 2-17）。PML 能够根据实时交通情况调整车道标识和指示灯，引导车辆合理分流，缓解交通拥堵。

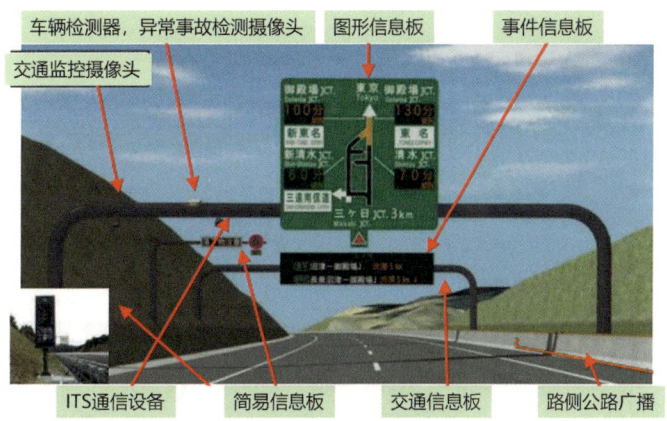

图 2-13　交通信息收集与发布设施

（图片来源：日本智慧公路与 ETC 2.0. Available online：https://www.shangyexinzhi.com/article/2452264.html.）

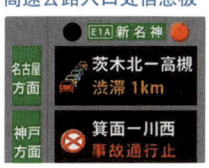

图 2-14　利用新型信息板强化提供交通信息

（图片来源：日本智慧公路与 ETC 2.0. Available online：https://www.shangyexinzhi.com/article/2452264.html.）

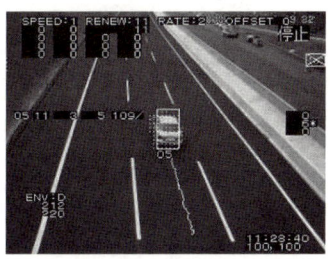

图 2-15　基于图像识别的异常事故检测

（图片来源：日本智慧公路与 ETC 2.0. Available online：https://www.shangyexinzhi.com/article/2452264.html.）

- 50 m间隔设置的双眼摄像机的图像自动合成，可以监视左右180°画面
- 发生交通事故时，机器人摄像机马上到达所定地方进行监视(时速20km)
- 它与火灾报警揿钮以及隧道内紧急电话开关相连动，可自动搜索被写体

图 2-16　基于自走式机器人摄像机的隧道内运行状态监控

(图片来源：日本智慧公路与 ETC 2.0. Available online：https：//www. shangyexinzhi. com/article/2452264. html.)

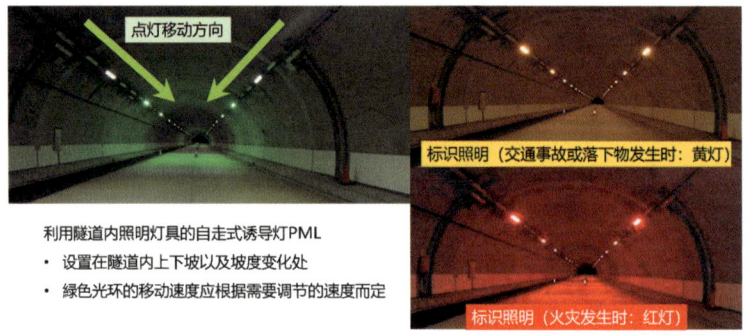

图 2-17　自走式诱导灯用于事故标识照明

(图片来源：日本智慧公路与 ETC 2.0. Available online：https：//www. shangyexinzhi. com/article/2452264. html.)

(5) 服务区内停车诱导系统。在服务区内部署停车诱导系统，为驾驶员提供实时的停车信息和指引（图 2-18）。驾驶员可通过显示屏或手机应用了解服务区内停车位的空闲情况，并得到导航指引。

图 2-18　新东名高速公路海老名服务区停车诱导

(图片来源：日本智慧公路与 ETC 2.0. Available online：https：//www. shangyexinzhi. com/article/2452264. html.)

(6) 逆行对策。部署车道控制系统和监控摄像头，监测道路上的逆向行驶行为。当监测到逆行行为时，系统能够及时报警或采取措施阻止其逆行，确保道路通行安全。

(7) 网络提供高速公路交通信息。通过网络平台（如手机应用、互联网）提供高速公路交通信息。驾驶员可以随时随地获取实时路况信息、服务区位置、加油站信息等，方便行车规划。

2.2 国内城市智慧道路案例

2.2.1 快速路相关案例

1. 绍兴智慧快速路

绍兴快速路数字化智慧系统包括 BIM 模型集成系统、智能设施运营养护综合管理系统（IMS）、智能交通系统（ITS）、智能网联系统（ICV）以及智慧照明（ILS）。绍兴快速路智慧工程集成控制平台的总体架构由一个集成应用中心即绍兴市城市快速路交通运行控制中心（TOCC）及 5 个专业业务系统构成（图 2-19），共同形成绍兴快速路智慧设计建造与智慧管理运维的全生命周期智慧目标和理念。其中，快速路交通运行控制中心承担市域快速路范围内的数据汇聚、综合监测、数据研判、行车诱导、信息服务、应急指挥、监测管控及运营养护管理等功能和职能，是智慧快速路的"大脑"。系统整体采用云计算架构，基于同一朵云，有统一的数据源，各子系统共用硬件基础设施，各大专项应用系统形成统一的集成应用平台，包括智能网联云控平台、智慧监测管控及运营养护平台，以实现系统统一管理与一体化展示。

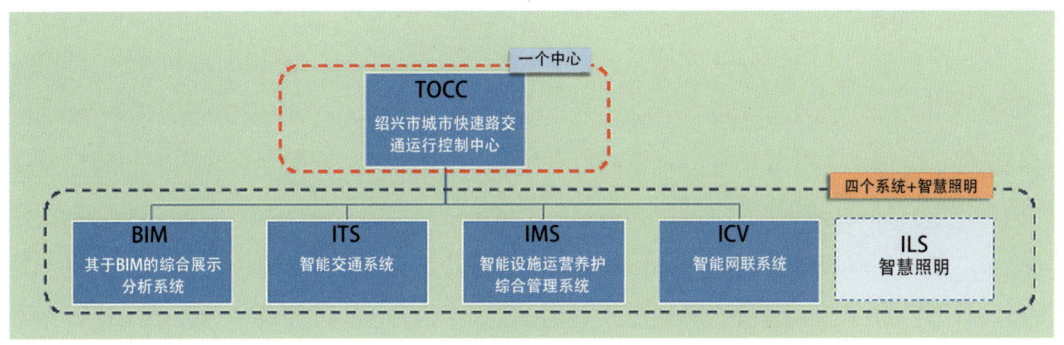

图 2-19 绍兴智慧快速路智慧工程集成控制平台架构图

绍兴首条智慧快速路——于越快速路，原名 329 国道智慧快速路，是杭州亚运会重点配套项目，全长 20.9 km，主线双向六车道，设计时速 80 km。于越快速路项目共实施了

BIM、IMS、ITS、ICV 和 ILS 五大数字化智慧系统，实现了快速路设计、建设、运维等全生命周期数字化、信息化、智能化管理。这也是全国第一条车路协同自动驾驶快速路，可依靠车辆自身的视觉、毫米波雷达、激光雷达等传感器进行环境感知、计算决策和控制执行，并通过车联网将"人-车-路-云"等交通参与元素有机联系在一起，应对各类复杂场景，有效降低交通事故率。

2. 南京江北大道快速路

南京江北大道快速路作为江北新区最重要的交通轴线，承载大量出行需求，早晚高峰期车流量大，造成江北大道快速路常态化拥堵。江北大道推出国内首个快速路智慧化匝道管控系统，能在现有道路硬件条件下，有效疏导车流，提高道路通行效率。快速路智慧化匝道管控系统（图 2-20）以数据大脑为核心，通过雷达监测江北大道快速路及周边道路的车流量、车速等交通数据，实现在快速路通畅时保障车辆正常通行，在发生拥堵缓行时通过控制信号灯交替放行减少车辆汇入，同时利用大屏提示引导车辆选择适当车道通行。

图 2-20　江北大道快速路智慧化匝道管控系统

快速路智慧化匝道管控系统根据主线拥堵情况，能使匝道自动开合，实现快速路入口匝道的路况感知、流量预警、后台管控、信息提示，以及匝道控制的智能化和自动化。当信息提示屏提示"匝道开启，交替通行"的绿色字体时，车道指示信号灯的绿色箭头灯长亮，驾驶员可正常驶入快速路，并线通行时注意观察左后方主线来车。当信息提示屏提示"红灯亮时，辅道通行"的红色字体时，车道指示信号灯的红色叉号灯长亮，驾驶员应沿辅道行驶，由匝道并线变道至辅道时应注意避让右后方来车。该系统运行效果较好，早晚高峰时间匝道上下游平均时速提高了约 20.3%，日平均拥堵时间减少了约 18.6 min。

3. 上海杨浦大桥

杨浦大桥作为跨越黄浦江的交通主干道，利用新一代数字孪生技术，进一步保障桥梁运行安全，实现"观、管、防"的立体融合管控，加速构建大桥的"智慧大脑"。作为"云路中心"数字孪生示范项目，杨浦大桥用数字孪生赋能智慧监管，提升了道路运输治理现代化水平，涵盖道路设施管理、运输服务管理、安全动态监管和静态交通监管四大核心领域，形成道路运输管理的"智慧大脑"。

通过对大桥运行数字体征的构建，初步形成了"物联成网""数联共享""智联融通"的大桥神经元感知体系，与"云路中心"共同形成了交通基础设施全景、实时、精准的数字底座。不仅实现了对桥梁结构的设施静态孪生，还实现了依托神经元感知体系的结构动态孪生，从而进一步实现了依托交通实时感知体系的交通运行孪生。基于动静态数字孪生，依托"云路中心"线上数据共享，形成"感知自动发现、实时自动推送、快速协同处置"的闭环管理，实现由经验判断型向数据分析型、由被动处置型向主动发现型的转变。通过城市运行数字体征"防未然"，守住城市"生命线"，为百姓出行安全提供保障。具体功能包括：设施养护在线监管、精细管理；危化品车辆禁行管理、实时处置；超重车辆动态称重、联动执法；即时感知设施运行状态，实现安全评估；实时分析超限通行影响，实现快速评估；全程跟踪现场应急处置，实现快速响应。

4. 快速路匝道管控案例

快速路匝道管控的主要措施包括匝道信号控制和渠化调整。出口匝道设置信号灯：出口匝道接地面处设置匝道信号灯及地面信号灯，交替放行。下游交叉口左转渠化调整：左转车道外置、出口匝道下游交叉口设置可变车道。关联交叉口信号配时调整：进口匝道信号灯与上游交叉口协同，出口匝道信号灯与下游交叉口协同。干线/区域协同控制：出口匝道下游线路设置绿波带，进口匝道上游线路设置红波带。

我国部分城市已经对快速路匝道和地面关联交叉口协同管控进行了工程应用，并取得了良好成效。

1）山东济南二环南高架与九曲庄路东向北右转匝道

该匝道为单车道通行匝道，连接点距离下游交叉口仅 76 m，晚高峰时段匝道拥堵，排队车辆对隧道内部通行造成严重影响。为解决该问题，采用"双周期 + 短距离协调"策略。其一是采用交叉口双周期控制，提升相位轮转效率，减少红灯等待时间，从而缩短交叉口车辆排队长度，降低排队车辆对匝道出车的影响，提高匝道来车消散效率。其二是匝道口信号灯与下游交叉口协调控制，高峰时段启用匝道口信号灯，消除隧道出口车辆与南北方向慢行交通流交织问题，同时与下游交叉口信号灯采用一体化联动控制。当隧道车辆绿灯驶出时，下游交叉口信号灯同步放行，降低车辆停车延误。该匝道信控优化及联控方案如图 2-21 和图 2-22 所示。

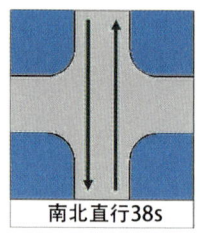 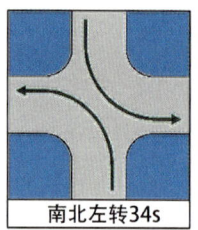 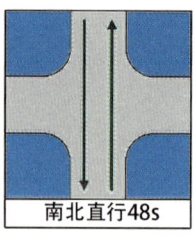 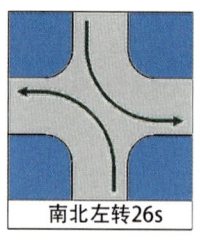 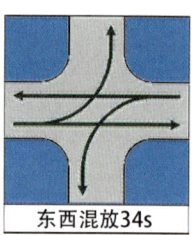

图 2-21　济南二环南高架与九曲庄路东向北右转匝道信控优化

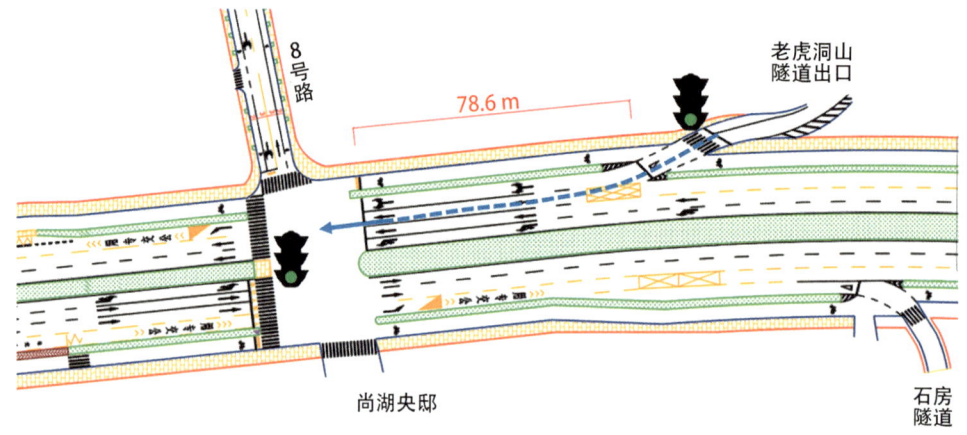

图 2-22　济南二环南高架与九曲庄路东向北右转匝道联控方案

该方案使得晚高峰时段隧道拥堵持续时间较之前缩短 30 min，隧道出口排队长度由之前的 1 500 m 降低为 800 m，出口匝道晚高峰时段停车延误较之前降低 13.46%，停车次数较优化前降低 17.93%。

2）苏州内环快速路

苏州内环快速路目前存在交通需求过饱和、匝道进出口交织严重、交通流分布不均衡现象较为严重等问题。为改善道路拥堵状况，同时采取以下多项措施：

（1）精准研判道路拥堵程度。将内环快速路划分为多个小区间，运用小区间内前端感知设备获取数据，并进行交通态势研判。当快速路主线交通拥堵指数大于阈值时，快速路信号控制系统将开启匝道信号控制，控制进入主线的车流，保障快速路主线运行畅通。

（2）动态优化入口匝道信号配时方案。以 5 min 为颗粒度，基于实时交通流数据，综合考虑基于速度的调节率与基于时间占有率的调节率，综合研判通行效率最佳的临界速度和临界占有率，进而确定入口匝道调节率。

（3）入口匝道区间协同控制。当连续两个或两个以上匝道信号灯开启控制后，对多个匝道进行信号协同控制，实现主动均衡快速路主线各区间交通流的目的。

(4) 协同联动"高-地"信号控制。当匝道开启信号控制后，地面关联路口实施联动控制。在出口匝道下游相关路口设置绿波方案，快速疏散下匝道车流，防止匝道排队溢出；在入口匝道上游相关路口实施"截流"方案，适当控制驶入入口匝道的车辆，缓解入口匝道的交通压力。

该协同控制方案的实施有效缓解了苏州内环快速路的交通拥堵状况。"高-地"联动控制实施后，地面交叉口饱和度均在 0.9 以下，实现了城市路网交通流主动均衡分布，路网整体运行效率得到有效提升。

3）上海内环快速路内圈宛平南路下匝道

上海内环快速路内圈宛平南路下匝道是内环主要瓶颈点，其拥堵成因较为复杂，除交通供需矛盾外，还存在以下几处管控方面的原因：

(1) 宛平南路出口匝道主要为右转车流，出口匝道与地面衔接车道设置在地面最外侧两条车道，这导致地面车流与高架车流严重交织。

(2) 出口匝道右转车流与宛平南路南进口直行非机动车和行人、中山南二路西进口左转车流存在冲突，这导致出口匝道右转车流在交叉口的通行效率较低。

(3) 出口匝道右转车流下游宛平南路北出口内侧 1 车道设置有公交专用道，其启用时段与匝道车流高峰时段重合，迫使车辆集中汇入 2、3 车道，加剧与中山南二路西进口左转车流的冲突。

为改善拥堵状况，实现下匝道与下游交叉口的协同控制，采取以下改善措施：

(1) 对出口匝道车流和地面右转车流进行合流控制。

(2) 在出口匝道与上游地面道路交织区设置信号灯，对上游地面车流进行汇入控制，改善交织区车流运行秩序，提高右转车流绿灯时长利用率和通行能力。

(3) 行人绿灯时长调整：增加对行人等待区域和人行横道区域的监控，根据等待行人数量及行人过街状况合理制定调整策略。该工程项目于宛平南路-中山南二路北出口人行横道两侧安装行人检测设备，形成两个监测区域，其中单个检测区域的范围覆盖人行横道单侧等待区域和半幅人行横道，如图 2-23 所示。

基于行人绿灯时长调整方案，进一步设计整体联动控制方案，其逻辑如图 2-24 所示。该联动控制逻辑方案由路政局快速路网中心、交警总队中心端、SCATS 路口机、行人信号灯和行人检测设备组成。

该方案取得显著成效，缓解了该区域的拥堵现状，使得出口匝道平均拥堵时长由原来的 0.57 h 下降为 0.43 h，下降了 24.6%；路口通行能力提高了 17.6%；行人绿灯时长均值为 29.6 s，较原方案缩短了 30.4 s；方案触发率达 96.6%。

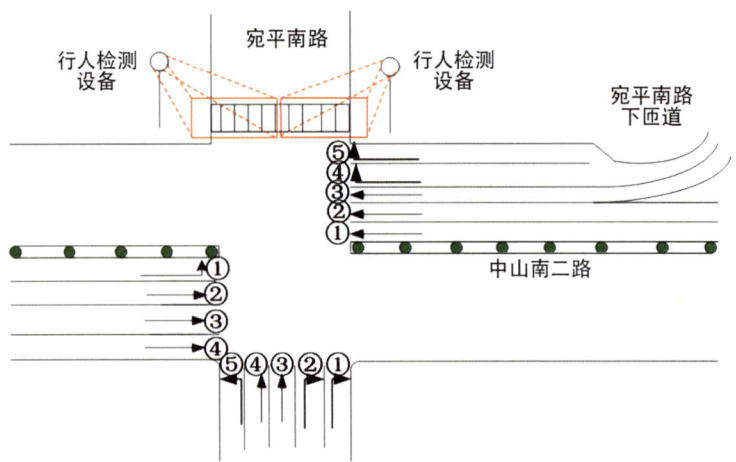

图 2-23　上海内环快速路内圈宛平南路下匝道行人检测设备点位

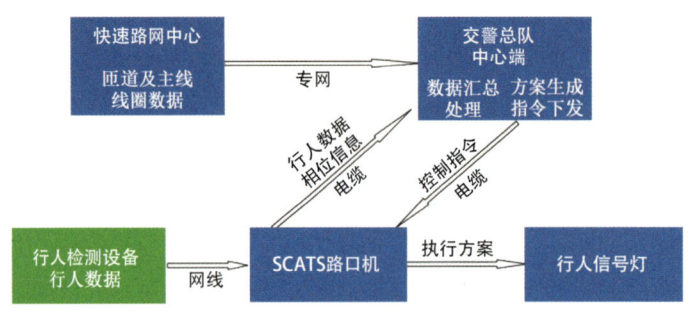

图 2-24　上海内环快速路内圈宛平南路下匝道联控方案示意图

2.2.2　主次干路相关案例

1. 上海嘉定白银路智慧道路

上海市作为国家级示范区、首批"双智"试点城市,在国内引领性地打造了国际一流、错位互补的四大测试示范区。嘉定已实现智能网联汽车开放测试道路总里程 1 117 km,可测试场景约 9 100 个,覆盖嘉定全域 464 km² 范围。嘉定拥有自动驾驶出租车、自动驾驶专用车(无人配送、无人清扫和无人零售车)及智能网联公交车等各类示范应用车辆超 700 台,车辆规模居全国首位,同时也实现了多元场景应用创新与赋能。

嘉定白银路重点实施了一项智慧交通举措,以综合杆作为智慧交通与自动驾驶设施的载体,打造全路域车路协同的开放道路,旨在为不同车辆提供差异化服务,如超视距感知等功能。项目采用"感知—分析—执行—反馈"闭环管理原则,对交通系统中的人员、车辆和道路进行精细化管理,实现道路的自我调节和智能管控。基于背景交通量和优先场景交通量的分离,针对早晚高峰、公交优先以及救护车、清障车等群体提供差异化服务。应用超视距服务，在长距离路口排队时对智能网联车辆和自动驾驶车辆提前下达指令。通过智能路侧设备的感知能力，向网联车辆提示让行信息，控制自动驾驶车辆让行，从而保障特殊车辆优先通行。同时，项目实现全天候监测，持续开展交通健康诊断分析。

图 2-25 所示为白银路智慧道路实景及数字化场景。

(a) 实景　　　　　　　　　　　　　　　(b) 数字化场景

图 2-25　白银路智慧道路实景及数字化场景

2. 上海临港智慧交通基础设施

上海临港新片区着重于个体感知建设、单点信号机联网升级以及可计算路网这三个方面的建设工作。

在个体感知建设方面，通过整合各类视频监控、卡口、线圈等设备数据，融合导航地图等互联网数据，能精准地感知每个路口的车流量、行车轨迹等各类交通参数，进而有效提升路况感知能力。在单点信号机联网升级方面，依托智能交通信号控制系统，能够根据实时交通流量数据灵活调整信号灯的配时方案，优化交通组织，减少拥堵，在提升信号灯设备运维能力的同时也增强了大规模路口的协同能力。在可计算路网方面，基于可计算路网，对道路承载能力、车辆行驶轨迹展开认知分析，从而实时计算出道路承载能力、车辆通行需求以及流量、车速、排队长度等交通参数，有力提升了精细化配时能力；并且通过监控系统快速识别突发事件，及时启动应急预案，迅速调整交通流量分配，确保快速恢复通行秩序和保障人员安全，全面增强突发事件的应对能力。

通过以上这些工作，致力于提升该区域在交通感知、精细化配时、路口协同以及突发事件应对等多方面的能力。其涵盖的具体项目包括环湖一路智能网联公交及智慧道路测试示范线、自动驾驶测试专用道及智慧交通监测系统等（图 2-26）。

3. 雄安容东片区主干路

河北雄安目前着重于数字化道路和智能网联道路的建设工作。其容东片区"三横三纵"智慧主干路道路部署了多功能信息杆柱、激光雷达以及电子卡口摄像头等感知设备，构建了全覆盖、全感知的数字化道路。此外，该片区积极推进智能网联交通的实践应用，开展了三条无人驾驶公交道路测试并进入试运营阶段。容东北部片区还被划定为智能网联汽车示范区，无人驾驶物流车、清扫车以及园区观光车已获准入资格，可在该片区内开展日常运营工作。

(a) 自动驾驶测试专用车道　　　　　　(b) 智慧交通监测系统

图 2-26　临港自动驾驶测试专用车道及智慧交通监测系统

图 2-27 所示为雄安容东片区智能网联巴士。

图 2-27　雄安容东片区智能网联巴士

4. 桐乡市迎宾大道

作为世界互联网大会乌镇峰会的举办地，桐乡市积极探索以数字化手段赋能精细化交通发展，让交通管理更高效智慧、通行更安全稳健。其中，具有代表性的是迎宾大道 LH02 标段数字基建改造提升项目。该项目包含 8 个全息路口、1 套智慧斑马线以及 2 套安全交叉口预警系统的数字基建升级改造内容，不仅能全面改善迎宾大道路域环境，提升行车舒适性，还可以推动交通管理数字化转型和智能化升级，有效提升交通基础设施长期供给质量和效率。

通过集成先进的传感器和算法，全息路口能够实时、准确地监测路口交通状况，包括车辆、行人、非机动车等交通参与者的动态信息。此外，还可以智能调整交通信号灯的控制策略，减少车辆在路口的等待时间，降低交通拥堵程度。这种从"车等灯"到"灯看车"的智能化转变，不仅有助于提升道路通行能力，还能为驾驶员和行人带来更加顺畅、舒适的交通体验。同时，智慧斑马线通过自动感知人行道上的人、车通行情况，可实时控制斑马线两端的发光频闪，精准识别行人位置并提醒过往车辆注意礼让。此外，通过在交叉口设置预警系统，实时监测即将进入交叉口的车辆和行人，提前触发安全防护措施，从而有效预防或减少交通事故的发生。

图 2-28 所示为桐乡迎宾大道实景及数字化道路示范项目。

(a) 实景　　　　　　　　　　　　(b) 数字化道路示范

图 2-28　桐乡迎宾大道实景及数字化道路示范项目

5. 无锡市大成路

无锡作为国家车联网先导区、"双智"试点示范区，全国首个以车联网为特色的产业小镇，重点打造"一基地、两中心、多场景"。锡东新城商务区 45 km² 范围内的核心道路及交叉口已完成设备部署升级。

无锡市大成路数字基建改造提升项目主要包括以下建设内容：

（1）全息感知路口，实现多要素感知、信号控制协同、车路协同（安全预警、交通管控）等功能。

（2）雷达车检器配合显示屏，实现交叉口自适应绿波控制，为驾驶员提供建议车速，使车辆能经济舒适地（不需要停车等待）通过信号交叉口。

（3）智慧斑马线及路段行人过街预警，自动感知人行道的情况，实时控制斑马线两端的发光频闪装置，精准定位行人位置，并主动提醒过往车辆避让。

（4）智能人行信号灯，实现行人闯红灯抓拍、信息发布、语音提示等功能。

（5）沿线违停抓拍，并实时发布车牌信息。

（6）全透视发光标志，版面文字和图形采用全透式发光显示，路网采用 LED 动态发光。

（7）综合杆、综合数据仓，可支撑未来路侧边缘计算节点设备、存储设备运行需要。

大成路数字基建改造效果如图 2-29 所示。

图 2-29 大成路数字基建改造效果

6. 杭州江南大道

杭州江南大道是杭州市重要的迎宾大道，被誉为"杭州第一路"。随着车流量快速增长，路网的压力持续扩大，为了让这条杭州交通大动脉更加"聪明"，中控信息采用数字孪生、人工智能、物联网及云计算等数字技术，实现了更实时精准的认知、更智慧全面的管理以及更安全的大型活动保障。

杭州江南大道面向道路路口、隧道、高架桥、交通枢纽等各类交通场景，构建了浙江省首条数字孪生城市智慧廊道（图 2-30），通过边缘计算设备，采集数据并实时分析计算，实现地面、隧道、高架多场景数字孪生，构建起全域数字道路场景。该智慧廊道保障了路口安全秩序，平均事件主动发现率比之前提升了 50%，事件处置及时率提升了 50%；拥堵预测准确率超过了 90%，路段通行效率提升了 15% 以上，实现了双向绿波协调控制；推动了传统路侧感知向智慧认知的转化。

图 2-30　江南大道智慧廊道

7. 长沙东方红路

在交通管理模式的转型进程中，从被动管理走向精细化治理，需要构建万物互联、多元化、多维度的全息感知交通体系。与此同时，交通发展的理念也会发生改变，从关注交通设施能力的提升和单纯追求出行速度，转向以服务为核心、高度关注以人为本的可达性交通品质。长沙东方红路智慧道路建设包括全息路口、智慧慢行、智慧停车、智慧交通诱导、智慧公交站台以及智慧综合杆等内容，如图 2-31 所示。

图 2-31　长沙东方红路智慧化建设内容

2.2.3　国内城市智慧道路总结

我国城市智慧道路建设当前尚处于起步探索阶段，全国各地多以试点应用为主。智慧道路基础设施建设要兼顾多方需求、推动融合发展，其核心在于提升城市道路基础设施的使用效能，同时也要注重发挥其创新引领应用的作用。

相较于高速公路领域，城市道路的智慧化实践在规模和影响力方面都较弱。各地结合各自的发展目标及背后不同的驱动因素，开展了城市智慧道路的建设工作。从目前国内这些实践项目来看，根据其与自动驾驶智能网联技术的相关性进行分类，可以分为以下三种类型。

类型一：聚焦于传统交通管理与服务的基础智慧化提升的智慧道路基础设施。该类项目主要基于成熟技术的应用，尚未考虑自动驾驶及智能网联技术。其主要驱动因素是在城市道路品质提升的同时加强对数字化、智能化技术的应用，以提高城市道路的交通管理和服务水平，增强慢行交通系统的安全性等。

类型二：智能网联完全服务于自动驾驶应用的智慧道路基础设施。该类项目主要集中在 2019 年前后，受当时国内自动驾驶环境影响，全国多地纷纷以发展自动驾驶产业为目标，开展了自动驾驶的测试示范应用，其中湖南长沙湘江新区颇具代表性。这类智慧道路主要通过建设智能网联设备设施来完全服务自动驾驶应用场景，在自动驾驶应用实践方面主要以无人公交或无人接驳大巴为主。

类型三：以智能网联应用为基础，进一步向综合应用领域拓展延伸的智慧道路基础设施。该类项目从服务自动驾驶车到服务交通管理领域，再逐步拓展至服务整个智慧城市建设体系，以实现智慧道路与智慧城市建设协调发展的目标。

当前，城市道路智慧化建设的应用场景主要集中于交叉口（交通管控）、人行过街（出行服务）以及全生命周期建设管养（运维养护）等方面，根据不同场景需求，针对性地提出解决实施方案。国内城市智慧道路建设主要围绕三个方面展开：①在运行感知上，其发展的重点是从交叉口单断面流量的监测逐步迈向全面感知、构建全息路口；②在交通管控上，重点针对主、次干路的交叉口，在信号控制方面实现区域自适应和干线绿波的优化效果；③在出行服务上，重点围绕智能网联与自动驾驶相结合的自动驾驶公交示范应用，以及行人过街安全等方面进行完善。另外，建设过程中普遍重视智慧综合杆的建设，在实施层面主要以多杆合一为载体进行配套，从而实现资源整合和功能集成。

2.3 国内智慧道路标准规范情况

国内关于智慧道路标准规范的相关情况如表 2-2 所示。

表 2-2 国内智慧道路标准规范汇总

城市/地区	标准规范名称	主要内容
广东省	《粤港澳大湾区城市道路智能网联设施技术规范》（T/KJDL 002—2021）	该规范规定了粤港澳大湾区城市道路智能网联设施的有关技术要求，包括总则、交通信息感知、网联通信设施通信网络、路侧计算设施、交通大数据平台、信息发布设施、信息安全、照明及供电设施、车路协同和自动驾驶支持等
武汉市	《智能网联道路智能化建设规范（总则）》	该规范规定了智能网联道路智能化建设的建设流程、建设目标、建设原则、总体框架，道路安全风险等级评估，智能网联汽车道路准入要求，以及道路智能化建设总体要求等内容
上海嘉定	《智慧道路建设技术导则》（DB 31114/Z018—2021）	该导则适用于上海市嘉定区有智慧化建设需求的新建、扩建、改建的城市道路的建设、养护、运营和管理
河北雄安新区	《雄安新区数字道路分级标准》	该标准确立了雄安新区城市数字道路分级划分的总体原则和决策要素，规定了数字道路分级功能要求、关键技术指标、判定流程，提出了各类感知终端的布局和选型建议
浙江德清	《智能网联道路基础设施建设规范》（DB 330521/T 64—2020）	该规范规定了智能网联道路基础设施建设的术语、总体架构、智能化基础设施等要求。智能化路侧基础设施建设内容应包括通信系统、感知系统、边缘计算系统、车路协同系统以及微气象和道路环境系统，对智能网联车辆的开放测试和试运营环境提供支持
浙江省	《浙江省数字化城市道路建设技术指南（试行）》	该指南对浙江省内新建城市快速路、主干路、次干路和改扩建道路的设计、施工、运行管理和维护提出建设方案，利用人工智能、车路协同、移动通信、高精定位和大数据分析等科技手段，实现数字化的城市道路、管理平台，服务数字化的车，为城市基础设施智能化运营管理提供市政设施管养、综合交通治理、公共出行服务、数据深度应用等手段
杭州市	《杭州市数字化城市道路建设技术导则》（征求意见）	为了规范杭州市数字化城市道路建设，统一技术标准，提高数字化城市道路建设和运维的科学性、系统性，制定本导则。导则明确了杭州市数字化城市道路的建设标准、应用场景、系统组成等内容

(续表)

城市/地区	标准规范名称	主要内容
无锡市	《智能网联道路基础设施建设指南》	该指南提出了无锡市智能网联道路基础设施建设的分级原则和要求，规定了智能网联道路基础设施的总体架构及设备组成、分级部署和设备接口要求，智能网联道路配套平台要求、安全要求以及运维要求等

中国工程建设标准化协会牵头编写的《智慧城市道路设计标准》（T/CECS 1490—2023）是国内首部面向城市道路智能化综合应用、指导工程设计的标准。该标准在充分考虑现行城市道路交通设施智能化现状的基础上，既涵盖了基础智慧交通场景的建设需求，也纳入了智能网联（含自动驾驶）道路建设的相关需求。

该标准创新性地提出了面向城市道路特点、考虑不同服务主体需求的道路智慧化建设总体框架；建立了城市道路智慧分级，明确了智慧分级与现行城市道路交通设施综合监控分级的关系，并提出了不同智慧等级与应用场景建设之间的对应关系。从城市快速路、主次干路、支路和地下道路不同类型系统出发，提出了智慧化建设应用场景和基本要求，为设计实践提供指导。

该标准对未来助力城市交通基础设施进行智能化改造、开展城市智慧道路的建设具有一定的指导意义，能够提升交通基础设施的运行效率、管理能级和服务水平，使其更具韧性、更高效、更高质量、更可持续。该标准具有如下特点：

（1）针对性：与城市道路紧密结合，突出"城市道路""智慧道路"等特点，以区别于公路及其他市政工程。

（2）适用性：与工程实践情况紧密结合，加强对共性内容的规范，采用合理的逻辑框架结构、明确清晰的条款内容及说明，为应用提供便利指导。

（3）互补性：协调好与现有规范的关系，相似的内容尽可能保持一致性，避免与现有规范存在冲突，同时通过归纳总结，完善相关规范的不足之处，填补空缺、相互补充。

（4）科学性：总结提炼技术难点，开展专题研究，通过理论分析并结合必要的实测试验，为规范编制提供科学依据。

（5）创新性：在充分借鉴国外发达国家先进标准规范与成熟工程经验的基础上，集成创新，研究制定符合我国城市道路特点的智慧道路设计标准，旨在通过标准制定，有效促进和引导新手段、新技术的应用实践。

2.4 总结分析

当前我国城市智慧道路建设主要存在认识不清、建设不明、效果不佳和标准不足等问题。以下为各类问题的具体表现。

1. 认识不清

城市智慧道路建设目前尚处于起步阶段,人们对智慧道路"是什么"这一概念的认知还不够清晰,在城市智慧道路的功能定位以及需要解决的关键问题等方面也都缺乏深入的理解。另外,外部环境处于不断变化和更新之中,新技术不断出现,新的名称术语频繁涌现,这进一步加剧了对智慧道路的理解难度,同时也带来一定的理解误区,具体包括:

(1) 部分人认为城市智慧道路等同于建设系统平台,即建设智慧道路就是搭建一个平台。

(2) 有些人将城市智慧道路简单理解为自动驾驶道路,认为建设智慧道路就是服务自动驾驶应用。在智慧高速公路建设中也存在类似问题,将数字智慧化建设聚焦于服务自动驾驶,而忽略了在常规交通管理和出行服务等方面应具备的功能。

(3) 有观点认为,城市智慧道路就是建设智慧灯杆。在城市道路中,灯杆是重要设施之一,可以作为众多智慧化设施的载体,但很多时候被过分夸大功能,在忽略真实需求的情况下,盲目集成各类智能终端,造成建设成本过高。

(4) 存在城市智慧道路等同于"一定是最新技术应用"这种误区。这种观点使得城市道路智慧化建设与现行道路智慧化水平和技术标准完全脱节,盲目追求新技术、新平台的应用,而忽略了城市道路基础的交通工程设施和智能化系统的完善,单纯为"智慧"而"智慧",导致功能缺乏实质意义,偏离了智慧道路建设的初衷。

2. 建设不明

当前智慧道路建设仍面临"建什么、怎么建"的核心命题尚不明确。在国内各行各业的数字化转型过程中,业界已逐步认识到"问题导向"的重要性,智慧化作为一种技术手段,其最终目的是解决行业存在的问题,推动行业提质升级。

当前城市道路智慧化建设存在建设内容不明确的问题,主要原因在于对城市道路的智慧化需求和场景应用缺乏足够的研究。目前行业资源主要集中投入在网络、通信、感知等设施设备及算法方面的新技术迭代,而对于行业管理、用户服务真正需要什么,缺乏系统性和深度的探讨。

由于缺乏系统研究，建设场景不成体系；相比公路领域，城市道路作为城市活动的重要空间，涉及公交、停车、物流等各种交通场景建设和利用空间，且涉及的部门主体多、服务对象种类多。此外，城市道路从功能类型上可分为主/次干路、快速路；不同等级的道路与周边城市用地存在一定关联，导致同一道路在不同路段的交通特征和服务需求也有差异。总体而言，城市道路建设具有"三多"特点，即"设施类型多、部门主体多、服务对象多"，需要逐步分解这些需求，构建多层次、多类型的应用场景体系。

3. 效果不佳

性价比不高、效果感受度低等都是当前智慧道路建设普遍存在的问题。从投入建设产出比来看，整体数值都比较低。当前智慧道路建设往往过多关注于对设备设施以及系统平台的投入，但对于建设应用场景的设计和预期方案的效果目标等方面缺乏深入的论证和研究。

4. 标准不足

总体而言，城市交通基础设施智能化改造仍处于起步阶段，各地都在积极探索，现阶段还存在标准规范缺乏支撑等急需解决的问题，以保障城市道路智慧化建设的顺利推进。关于智慧道路工程标准规范的制定，不仅需要研究标准规范体系的构建，以服务智慧道路标准规范制定的长远发展；同时也要根据工程实践需要，尽快制定指导行业建设的相关标准，保障项目建设质量。

在标准体系构建方面，可以从三个维度进行考量。从标准体系层次维度来看，包括基础标准、通用标准和专用标准。从智慧道路工程的全生命周期维度来看，包括规划设计、施工、验收、运维和拆除等不同阶段。从智慧道路的体系架构维度来看，包括数字化交通设施、感知设施、通信设施、综合杆载体设施等支撑体系，以及运营管理、运维养护、出行服务、自动驾驶、城市管理等应用体系模块。通过三个维度的相互交叉，可梳理形成如智慧道路的总体设计要求、智慧道路的分级、智能设施部署以及相关产品等一系列标准。

当前建议尽快总结工程实践，制定指导智慧道路建设的总体通用标准。通过这些标准规范，在行业内达到基本共识，能够基本明确智慧道路是什么、如何分级，不同等级需要达到什么功能，不同类型的道路（应、宜、可）建设哪些应用场景，不同场景功能要求如何，以及需要哪些支撑设施等。以此为基础，针对各子项可进一步形成若干专用标准。

第 3 章　城市智慧道路体系架构

3.1　概述

随着我国城市化进程的加速和人们对交通出行需求的增长,传统的交通管理方式已经难以满足城市发展的需求。同时,信息技术的快速发展为交通管理提供了新的解决方案,智慧交通成为推动城市发展的重要引擎之一。智慧道路体系作为智慧交通的重要组成部分,成为城市管理者关注的焦点。智慧道路体系的建设对于优化城市交通管理、提高道路运输效率、改善交通环境以及增强城市智慧化水平等具有重要意义和价值。它不仅可以提升交通管理的精细化水平,还可以有效解决城市交通拥堵、交通事故等问题,大大提升交通系统的安全性和稳定性,从而推动城市可持续发展。

在我国,对智慧道路体系的研究已经取得了一定进展。各地政府部门在交通管理方面逐渐引入智能化技术并研发了一系列智能化设备,包括智能交通信号灯、智能交通监控系统以及智能交通管理平台等。同时,一些科研机构和高校也在智慧交通领域开展了相关研究工作,涉及交通大数据分析、智能交通控制算法、智能驾驶技术等方面。然而,目前对于智慧道路体系架构的研究仍面临诸多挑战,如数据安全性、系统稳定性、技术标准等方面的问题均亟待解决。

以下将从城市智慧道路分类、智慧道路分级以及智慧道路架构等方面进行城市智慧道路设计的相关研究和阐述。

3.2　城市智慧道路分类

1. 按服务设计车辆分类

传统城市道路的设计核心在于服务普通车辆。根据车辆的尺寸类型(大型车、小型车)进一步确定道路的技术指标,如道路车道宽度、停车视距等线形技术指标。同时根据不同车型选择对应的技术标准。

随着车辆智能化程度的逐步提高,车辆将逐步发展成为智能汽车。这类汽车搭载先进的传感器装置，运用人工智能等新技术，具有自动驾驶等功能，逐步成为兼具移动空间和应用终端的新一代汽车。根据《汽车驾驶自动化分级》的规定，自动驾驶能力可分为 L0～L5 级，具有不同自动驾驶能力等级的车辆需要一定的使用范围以及与之配套的道路设施。因此，智慧道路建设需要考虑道路所服务车辆的车型以及智能车辆的需求（如实现自动驾驶等功能），这样才能有针对性地开展设计工作，建设必要的路侧辅助设施，优化相应的交通组织方案，从而满足自动驾驶高等级车辆的运行需求。

根据道路的服务对象是否是智能车辆，可将其分为普通智慧道路和智能车道路。进一步考虑智能车的覆盖程度和发展情况，又可将其细分为智能车专用道路和智能车混行道路。目前，完全的智能车专用道路的实际应用还相对较少，国内有新城规划提出了将片区内的部分支路规划为专门服务于公共交通自动驾驶的智能车使用，具备一定的创新性和引领性。

图 3-1 所示为武汉中法半岛小镇智慧道路规划线路及智能车专用道路设计示意图。

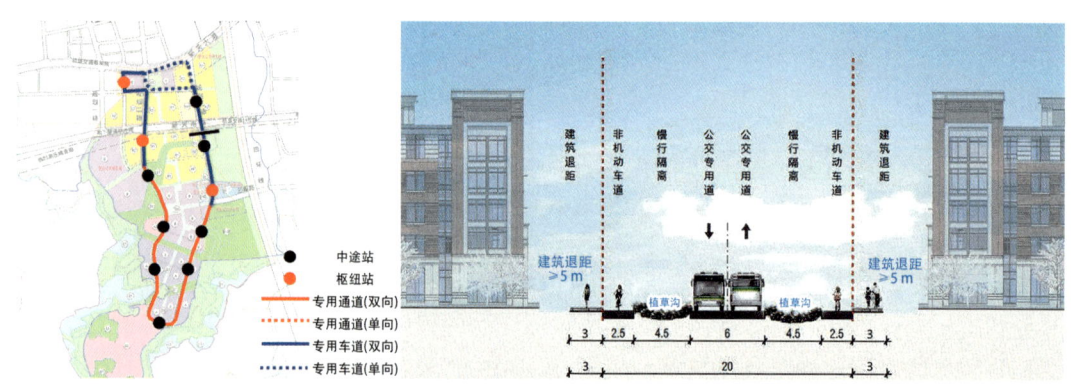

图 3-1　武汉中法半岛小镇智慧道路规划线路（左）及智能车专用道路设计示意（右）

智能车的发展和普及必然需要经历一个较长的过程，与普通车辆混行仍将是今后相当长一段时间内的主流趋势。因此，对于有服务智能车辆需求的智慧道路建设，应该根据道路具体建设条件和实际情况，综合考虑是否具备可能以及是否有必要设置专用车道供智能车辆使用。即便不设置专用车道，也可以和普通车辆混行，采用混行车道形式，这种形式的应用也将越来越多。例如，郑州龙湖中环路无人驾驶公交项目工程（一期），其在开放道路下非全天候非封闭专用车道测试运营，线路全长 17.4 km，沿线共有 45 个路口，沿途设置 17 组车站，如图 3-2 所示。湖南湘江新区无人驾驶公交示范线工程，在全国首条开放道路场景下采用 L3 级自动驾驶系统公交车，是拥有无人驾驶、智能网联等多种新技术的"智慧公交"载人测试示范线工程，线路全长 7.8 km，相交道路 10 条，采用混行车道形式。

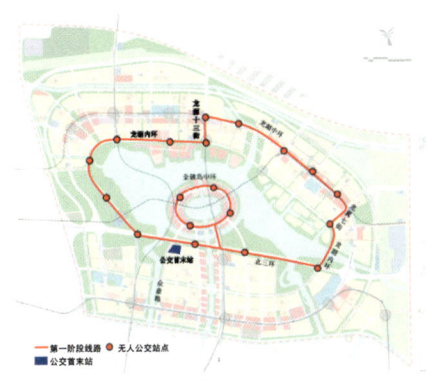 

图 3-2　智能车辆专用车道形式

2. 按是否应用车路协同智能网联技术分类

城市智慧道路根据是否应用车路协同智能网联技术情况，可分为普通智慧道路和智能网联道路。

3. 按车路协同等级能力分类

智能网联道路根据车路协同的等级能力，可分为基础信息交互道路、初级协同感知道路和高级协同感知与管控道路。

结合当前车路协同的发展特点和技术能力，车路协同可分为三个层级，每个层级对道路配置的设施都有着不同的要求。

第一层级：基础信息交互。车载单元与路侧单元进行直连通信，实现车辆与道路的信息交互与共享，比如超视距事件信息、实时信号灯信息等。

第二层级：初级协同感知。通过路侧感知，实现自动驾驶车端感知与路侧感知的融合，路侧感知能为自动驾驶提供盲区检测、风险预警等功能。

第三层级：高级协同感知，协同决策规划控制。通过高精度的路侧感知设备与高算例的边缘计算，实现自动驾驶全面协同感知、协同决策控制功能。

3.3　建设目标

城市智慧道路的建设应以解决提升城市道路能力为目标，以解决问题为导向，围绕城市道路的功能和性能目标，开展智慧化建设，提升城市道路工程的交通通行能力、安全与抗灾减灾能力以及设施的耐久性等。图 3-3 所示为城市道路功能指标。

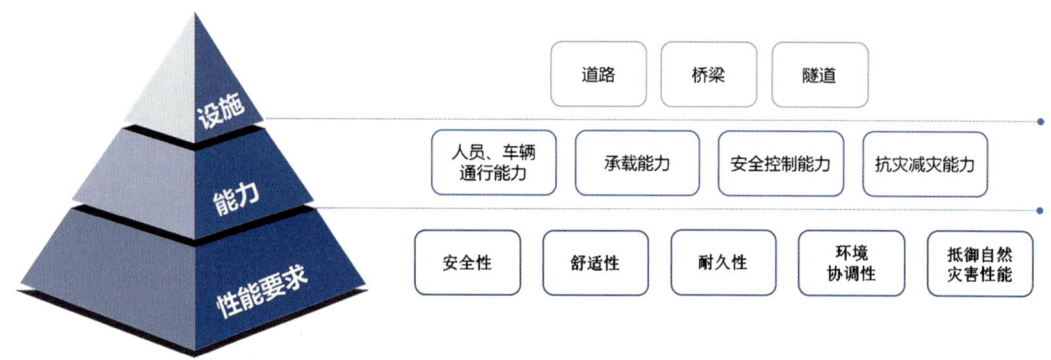

图 3-3 城市道路功能指标

3.4 智慧分级

为了更明确地指导并规范城市智慧道路的建设工作，应针对不同道路合理确定建设内容，从而避免建设过程中可能出现的盲目性以及资源浪费问题，亟须构建智慧化等级标准，为城市智慧道路的定位和建设内容提供有力的指导。目前，国内外对于智慧道路的分级方法尚未达成统一，无论是从定义上还是从应用范围上都有所区别。

国内外已对城市道路智慧化分级进行了一定的探索和实践。例如，欧洲道路运输研究咨询委员会在 2019 年 3 月发布的网联自动驾驶路线图（Connected Automated Driving Roadmap）中，根据支撑自动驾驶的基础设施分级（ISAD）指标定义了智慧道路的等级，智慧化等级越高，道路对自动驾驶车辆的支撑能力越强。世界道路协会于 2021 年 9 月在 ISAD 的基础上增加了自动驾驶服务水平指标，作为智慧道路分级的主要依据，并提出了 SRC（Smart Road Class）分类系统（图 3-4）。

E 级别、D 级别被定义为传统基础设施。E 级别为最低级别，无数字化信息，不支持自动驾驶；D 级别主要通过道路静态标识和地图实现静态数字化。C 级别可提供动态数字化信息，基础设施信息可以数字化形式提供给自动驾驶车辆。B 级别支持协同感知，即可感知微观交通情况。A 级别支持协同驾驶，数字化基础设施可以引导自动驾驶车辆，实现全局交通流优化。

中国公路学会自动驾驶工作委员会发布了《智能网联道路系统分级定义与解读报告（征求意见稿）》。该报告从交通基础设施系统的信息化、智能化和自动化角度出发，结合应用场景、混合交通和主动安全系统等情况，把交通基础设施系统分为 I0～I5 共 6 个级别（图 3-5）。

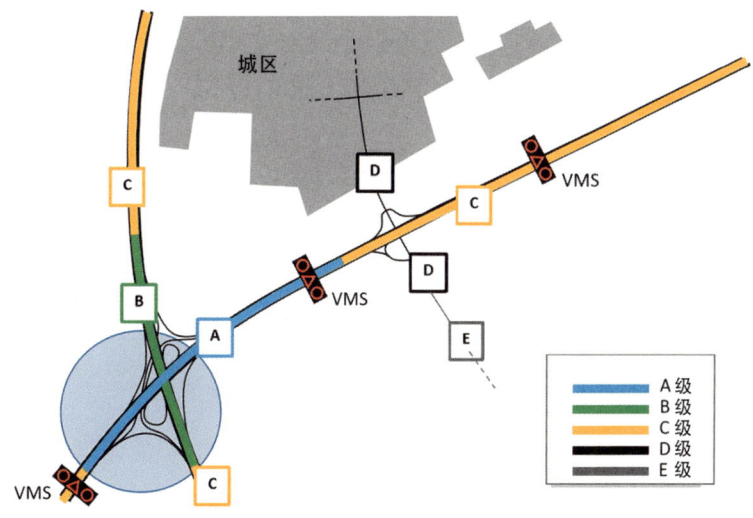

图 3-4 智慧道路的等级划分

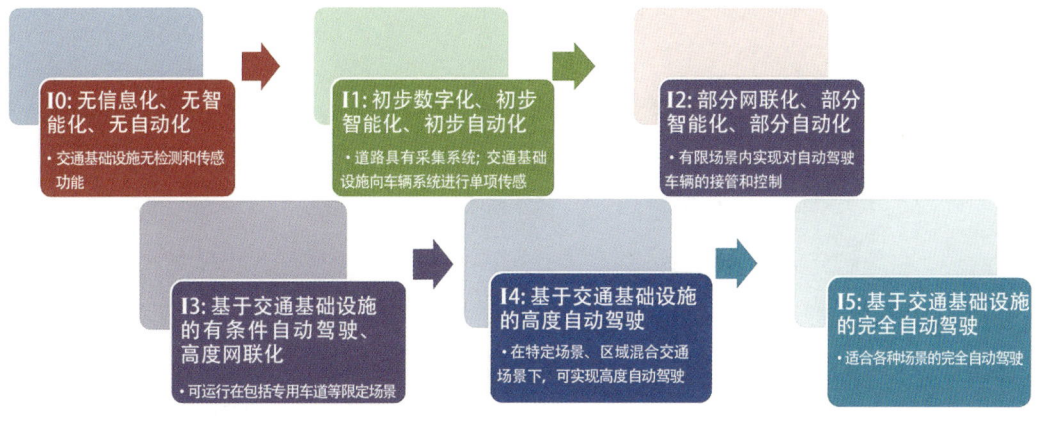

图 3-5 交通基础设施系统分级

I0：无信息化、无智能化、无自动化。I1：初步数字化、初步智能化、初步自动化。I2：部分网联化、部分智能化、部分自动化。I3：基于交通基础设施的有条件自动驾驶、高度网联化。I4：基于交通基础设施的高度自动驾驶。I5：基于交通基础设施的完全自动驾驶。

中国智能交通产业联盟发布团体标准《智慧高速公路 车路协同系统框架及要求》（T/ITS 0140—2020），主要规定智慧高速公路车路协同系统架构、功能要求和性能要求。同时，根据车路协同系统能提供的功能和性能水平，对其进行智能化程度分级。

1级（基础道路）：道路交通标志和标线设施完备，未网联化。

2级（数字化道路）：安装路侧智能感知（气象、交通流）、通信和计算设备。

3级（多源融合感知道路）：具备基于云控平台的道路管控服务，支持全域交通信息采集、车路协同感知融合和交通信息处理。

4级（协同控制道路）：支持自动驾驶车队编队行驶和在线调度。

北京市《智慧高速公路建设指南（征求意见稿）》将智慧道路与自动驾驶车辆级别进行对应，并从感知、处理、服务和管理能力等方面给出了分级标准，同时考虑了实施方式（人工/手动）、实施范围（重点/全段）以及内容丰富度（单一/多种）等方面的界定。

综上所述，城市道路智慧化分级方法和思路可概括为以下两种：

（1）基于基础设施对自动驾驶和智能网联车辆支持能力的智能化分级。因为支持自动驾驶的能力并不完全等同于道路的智慧化水平，这种分级方法还存在一些问题。随着车辆智能化等级的提高，较低信息化水平的基础设施也可以满足自动驾驶的需求。此外，智慧道路涵盖了设计、建设、管理和运营等全过程场景，其中仅考虑自动驾驶的场景只是其中的一部分。

（2）将智慧化过程中应用的技术（如5G、C-V2X、边缘云计算等）和外场设备（如标志牌、可变情报板、高清摄像头等）作为分级的主要依据。这种方法也存在一些不足之处，如存在技术升级和设备更新换代频繁等问题。

此外，目前研究主要集中在公路或高速公路的智慧化领域，对于城市道路的智慧化分级研究尚未得到充分关注。因此，本书提出了基于道路服务能力的城市道路智慧化分级思路，并展开系统研究，为城市道路的智慧化建设奠定基础。

3.4.1 智慧分级思路

城市道路智慧化建设是基于物联网、云计算等信息技术，以数据驱动为核心，提供感知、通信和管控等服务能力，为城市管理者和使用者提供智慧化服务，从而打造城市智慧道路。与传统城市道路相比，城市智慧道路具有以下特征：

（1）技术支撑方面，依托5G、大数据、物联网、车路协同等新一代信息技术。

（2）具备数据采集感知、数据分析研判、智能化管控和信息服务等能力。

（3）提升了道路整体服务能力，包括通行能力、安全与抗灾能力、设施耐久性以及绿色低碳化等方面。

从本质上来说，城市道路智慧化建设的最终目标是为使用者提供更强的服务能力。道路的智慧程度与其提供的服务能力密切相关。一般而言，道路的智慧化程度越高，其提供的服务范围越广，服务品质也越高。因此，可以根据建成后道路所提供的服务能力对城市智慧道路进行智慧等级划分。

服务能力的实现可以通过智慧化技术应用的建设深度和广度来体现。建设深度反映了技术的成熟度和智慧化水平。技术应用广度则体现在建设的覆盖范围，例如是全线应用还是试点局部应用，以及是以服务各主体为主还是以服务单个主体为主等。智慧化技术的覆盖范围和投入程度越广，道路的服务能力也就越强，相应地，道路的智慧化等级也就越高。

3.4.2 城市道路智慧化分级

城市智慧道路的等级可以根据其所能提供的服务能力进行划分。服务能力是通过智慧化技术应用的强弱程度来实现的，技术应用深度可通过道路感知、决策分析和管控能力等三类指标进行反应。

感知能力：感知颗粒度越来越细致，从宏观到微观。感知指标（类型）也越来越多，包括交通、环境、基础设施等。感知覆盖范围从点到线，再到整个路网。

决策分析能力：从无到有，从基础的数据直接展示到态势分析研判与报警，以及对潜在未来状态（如事故、性能等）的预测与预警能力。决策分析能力不断提升。

管控能力：管控措施的手段和覆盖范围逐渐增加，实现从人工操作向自动化操作的转变。管控能力越来越精细化，由被动向主动转变，提前进行预防性管控。此外，车路协同技术的应用可以实现个体级的管控。

因此，智慧道路的等级应根据道路的感知能力、决策分析能力、管控能力和服务能力的不同来进行划分。可以将城市道路智慧化分为四个技术等级，如表 3-1 所示。

表 3-1 城市道路智慧化分级

智慧分级	道路服务能力	智慧化技术能力		
		感知	决策分析	管控
D1	D11 可通过道路信息发布设备、车载或手机终端等，为用户提供基本通行和信息服务，为管理者提供基础交通信息和管控治理手段	单点少量采集交通等信息	以基础数据统计功能为主	自动化设施少，以传统交通设施为主
	D12 可通过道路信息发布设备、车载或手机终端等，为用户提供基本通行和信息服务，为管理者提供基础交通信息和管控治理手段	采集点位增多，覆盖全线	以基础数据统计功能为主	车道控制、速度控制、单点交叉口信号控制等

(续表)

智慧分级	道路服务能力	智慧化技术能力		
		感知	决策分析	管控
D2	可通过道路信息发布设备、车载或手机终端等，为用户提供全面的出行信息服务，为管理者提供全面感知、更加多样化的智能控制手段	在D1基础上，全面提升感知、对象、精细度等；建设数字底座	在D1基础上，建设分析模块，分析和状态研判	在D1基础上，提升硬件配置水平，包括通过增加自动化控制设施来代替人工，增强信息发布等
D3	可通过道路信息发布设备、车载或手机终端等，为用户提供全面的出行信息服务，帮助管理者实现全息的交通和更加个性的感知，推动交通管理由被动响应向主动管控转变	在D2基础上，进一步提升感知准确率、延时等关键指标性能，支撑大数据分析、模拟及预警功能	在D2基础上，具备仿真推演等功能，对未来趋势进行预测和预警	在D2基础上，自动化控制设施根据现场情况自适应控制（强调了软件算法能力提升，达到主动控制）
D4	可通过道路信息发布设备、车载或手机终端等，为用户提供全面的出行信息服务和个性化的服务，基于车路协同技术，为管理者提供车与路的协同治理手段	在D3基础上，进一步提升感知准确率、延时等关键指标性能，满足车路协同需求	在D3基础上，预测推演能力等相关性能全面提升	在D3基础上，增加车路协同控制模式

D1级是按现行的城市道路交通设施相关标准执行的，能够基本满足道路基础的通行和交通管理要求。D2级考虑到道路的智慧化建设离不开数据的采集和应用，加强了对数据的采集能力即道路感知能力的要求，实现基础设施的数字底座建设，为更高级智慧分析与管控应用奠定基础。D3级则在已有数据基础上，侧重强化数据分析能力，实现道路的预测预警及主动控制等功能。D4级在数据分析的基础上，预测推演能力应有大幅提升，同时应能够实现车和路的信息交互和控制，即车路协同技术的应用。

城市智慧道路建设应以现行城市道路交通监控系统为基础进行提升。智慧分级应与国家标准《城市道路交通设施设计规范》（GB 50688—2011）规定的交通监控等级关系相衔接，并应符合表3-2的规定。

表3-2 智慧分级与交通监控等级关系

道路类型	城市中、长、特长地下道路	城市特大桥梁和城市快速路	主干路和次干路	支路
配置等级	Ⅰ级	Ⅱ级	Ⅲ级	Ⅳ级

不同类型的城市智慧道路建设的智慧等级选取优先级宜符合表 3-3 的规定。

表 3-3 不同类型城市智慧道路建设的智慧等级选取优先级建议

智慧分级	城市中、长、特长地下道路	城市特大桥梁和城市快速路	主干路和次干路	支路
D1	—	—	●	●
D2	●	●	◎	◎
D3	◎	◎	◎	○
D4	◎	◎	◎	○

注：●应建设；◎宜建设；○可建设；—不涉及。

3.5 体系架构

城市智慧道路的建设内容应覆盖建设和运营全过程，包括城市快速路、主次干支路等全类型道路，以及设计运营、养护、出行者等全参与者。

城市智慧道路工程具体建设内容可分为支撑体系和应用体系，体系架构如图 3-6 所示。

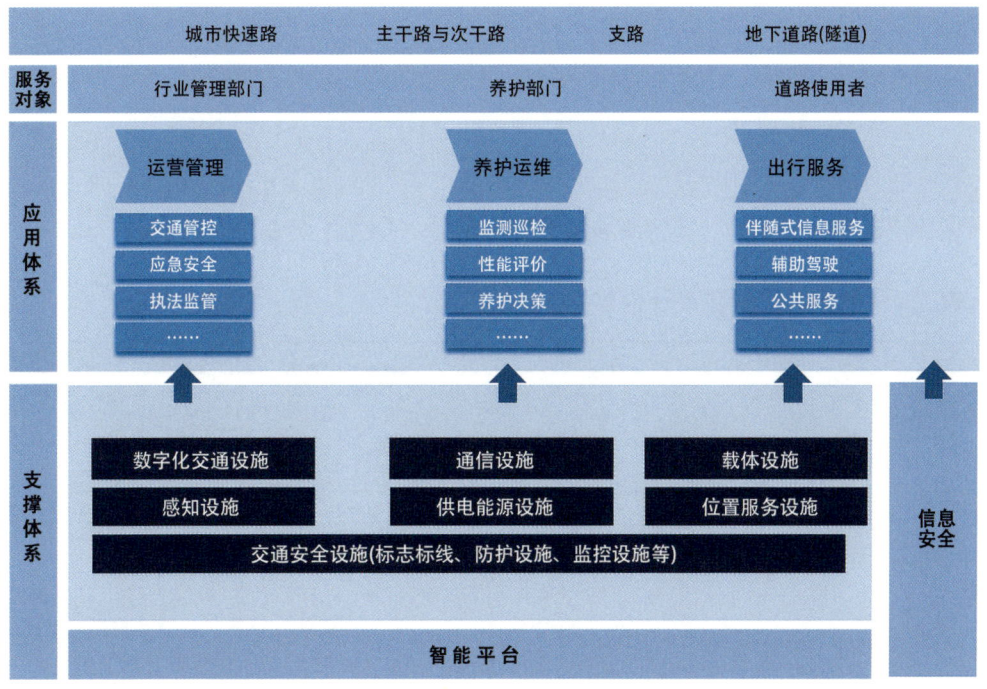

图 3-6 智慧道路体系架构

支撑体系包括感知设施、网络设施和基础载体。感知设施包括交通运行、环境和基础设施感知；网络设施宜由通信网、能源网、位置网等组成；基础载体宜包括综合杆、综合箱、综合沟等土建基础设施，为智慧化功能拓展提供基础。

应用体系包括运营管理、养护运维和出行服务三大模块，主要服务道路使用者、运营养护单位和政府管理部门等，重点提升交通出行效率、交通参与者获得感、养护运维单位作业效率以及政府部门管理效率。

（1）运营管理模块宜服务道路相关的交警、城管、交通等不同政府部门，有效提升对道路运行效率和安全方面的监管及执法水平。运营管理的核心在于服务交通执法等部门，其涵盖的范围主要包括交通管控、交通执法监管以及应急安全等领域，具体涉及交通运行过程中的运行监测、交叉口自适应控制、道路流量监控、交通执法监管以及应急安全等应用场景。

（2）养护运维模块宜服务道路运营养护管理部门，以助力其提升养护工作水平，增加基础设施耐久性。

（3）出行服务模块宜服务道路使用者，具备伴随式信息服务、停车服务、安全预警等服务功能。该模块通过基础设施沿线发布设施、出行服务平台（网站、热线）、广播电视、移动终端、互联网导航平台以及车载终端等多种方式，为用户提供出行全过程信息服务。

3.6 应用场景体系

运营管理、养护运维、出行服务三大模块可进一步细分如表3-4所示。

表3-4 城市智慧道路设计内容

模块		应用场景	
运营管理	交通监测	交通流信息采集	交通流基础信息
			交通全息感知
		交通视频监控	交通态势监控
			交叉口交通监控
		交通运行监测	道路运行状态监测
			重点车辆全程监测
			异常驾驶行为监测

(续表)

模块			应用场景	
运营管理	交通管控		交通违法事件检测	
		出入口管控		入口控制（含隧道洞口）
				匝道控制
				出口匝道高低联动
		主线车道控制		车道控制
				速度平滑控制
				动态分合流区控制
				动态潮汐车道
		交通信号控制		自适应信号控制（点）
				干线协调感应控制（线）
				区域协调信号控制（面）
				特殊车辆信号优先
				可变车道
		超高超限车辆管控		
		车路协同控制		
	应急管理	安全管理		车辆安全分析
		交通事故处置		事故信息服务
				应急调度指挥
		应急预案		
		智慧防灾		火灾智慧防控
				积水内涝智慧防控
				灾害预警及态势推演
				动态疏散救援
养护运维	设施与环境监测		结构监测与预警	
			设施设备监测与预警	
			能耗采集	
			移动智慧巡检	
	生命周期养护管理		设施设备性能评估	
			养护决策系统	

(续表)

模块		应用场景
出行服务	信息发布	实时交通信息发布
		气象信息服务
		交通事件发布
		交通预测信息发布
	伴随式信息服务	特殊路段预警
		准全天候通行支持
		车路协同信息服务

1. 运营管理

运营管理模块依据城市道路类型特点和智慧化等级要求开展交通监测、交通管控、应急管理等功能建设。交通监测一般包括交通流信息采集、交通视频监控和交通运行监测等。交通管控一般包括交通违法事件检测、出入口管控、主线车道控制和交通信号控制等。应急管理一般包括安全管理、交通事故处置、应急预案和智慧防灾等。

典型场景如全息交叉口（图3-7），通过配置摄像头、雷达、边缘计算单元等，可以实现对路口范围内的车辆、道路、行人、环境、交通事件等全要素的实时检测，对道路运行动态进行实时呈现，以支撑精细化交通管控及车路协同服务。

图 3-7 全息交叉口

2. 养护运维

养护运维模块结合城市道路类型的特点、各类设施运营需求以及养护业务的实际情况，开展设施与环境监测以及全生命周期养护管理工作。设施与环境监测一般包含结构监测与预警、设施设备监测与预警、能耗采集、移动智慧巡检等功能。养护管理一般涵盖设施设备性能评估、养护决策等功能。

典型场景如城市快速路高架智慧运维模块（图 3-8），可以通过在现场布设传感器实现对高架桥的状态监测，降低人工巡检工作量，提升巡检效率和准确度；通过预设阈值、评估算法实现对基础设施异常状态的警示，及时发现重大设施运维问题；通过在线养护计划制订、巡检移动终端下发，实现养护计划的科学制订和跟踪管理。

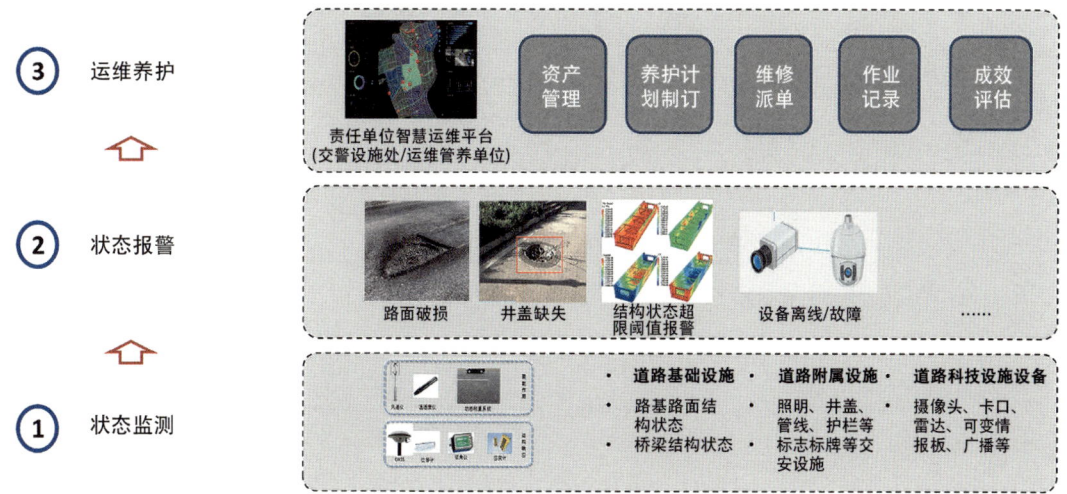

图 3-8 城市快速路高架智慧运维模块

3. 出行服务

出行服务模块依据不同道路的智慧化等级要求，提供不同精细化程度的信息发布服务和伴随式信息服务。具体服务内容涵盖实时交通信息发布、气象信息服务、交通事件发布、交通预测信息发布、准全天候通行支持、车路协同信息服务以及特殊路段预警等。

典型场景如面向复杂地下道路的全过程交通信息引导以及地上地下一体化交通信息诱导服务（图 3-9）。通过在外围路网、地下道路入口、地下道路内部连续设置多级诱导标牌，发布路况、交通管制和周边停车信息；同时，通过设置地下位置服务系统，实现地上地下一体化定位导航服务，实现车辆路径诱导、车位级导航和动态交通信息发布功能。

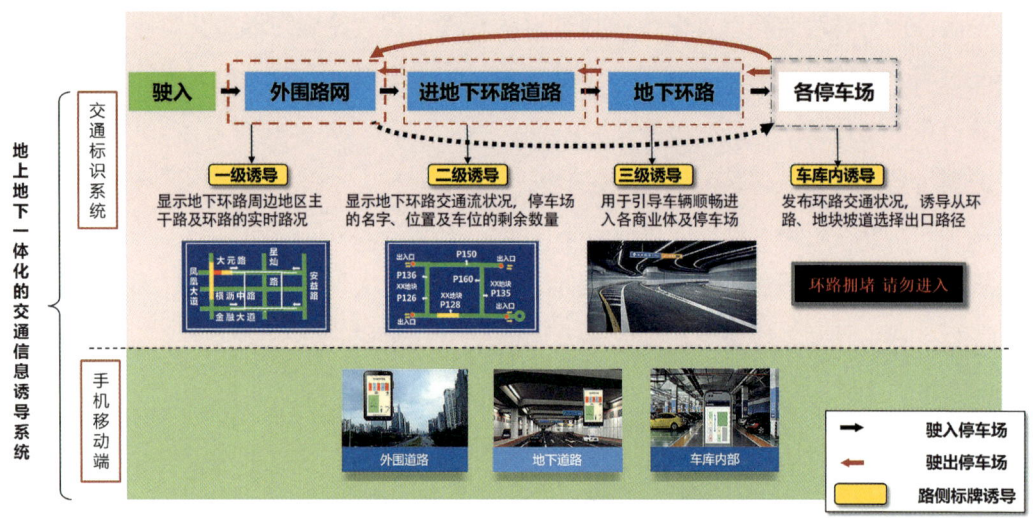

图 3-9 面向复杂地下道路的地上地下一体化交通信息诱导服务

3.7 城市智慧道路支撑体系

城市智慧道路支撑体系包括感知基础设施、网络基础设施、供电能源网络、道路载体基础设施以及管控平台。

3.7.1 感知基础设施

感知基础设施是城市智慧道路的核心组成部分,包括各种传感器和监测设备,用于感知道路和交通环境的各种信息。城市道路的感知监测类型主要包括交通状态感知、环境感知和基础设施状态感知,不同类型的感知监测有着相应的指标和颗粒度要求,具体涉及采集对象类型、主要采集指标、参数要求和技术要求。城市道路感知监测指标设计宜根据道路类型以及智慧技术等级要求进行合理选择,并应符合表 3-5 的规定。感知设施应满足实用、可靠、先进、经济、可维护以及可扩展的需要。

表 3-5 城市道路感知监测指标体系

感知监测指标			快速路				主次干路				支路			
			D1	D2	D3	D4	D1	D2	D3	D4	D1	D2	D3	D4
交通状态感知	交通基本参数	流量、速度、占有率、车头时距、排队长度	●	●	●	●	●	●	●	●	●	●	●	●
		交通轴载、车型等	○	○	●	●	○	○	●	●	○	○	○	●

（续表）

感知监测指标		快速路				主次干路				支路			
		D1	D2	D3	D4	D1	D2	D3	D4	D1	D2	D3	D4
交通状态感知	交通异常事件												
	交通事故、车辆异常停止、抛洒物	○	◎	●	●	○	◎	●	●	○	◎	●	●
	交通拥堵	○	◎	●	●	○	◎	●	●	○	◎	●	●
	行人、非机动车侵入	○	◎	●	●	▲	▲	▲	▲	▲	▲	▲	▲
	交通违法事件												
	违法停车、逆行、超速行驶、低速行驶、变道	◎	●	●	●	◎	●	●	●	◎	●	●	●
	交叉口违法	▲	▲	▲	▲	◎	●	●	●	◎	●	●	●
	非机动车违法、行人违法等	▲	▲	▲	▲	◎	●	●	●	◎	●	●	●
	交通运行感知												
	机动车、非机动车、行人目标轨迹	○	●	●	●	○	●	●	●	○	●	●	●
	红绿灯信号等设施状态	▲	▲	◎	●	▲	▲	◎	●	▲	▲	◎	●
环境感知	气象环境												
	路面积水、湿滑、结冰、温度	○	◎	●	●	○	◎	●	●	○	◎	●	●
	空气能见度、气温、相对湿度、风速	○	◎	●	●	○	◎	●	●	○	◎	●	●
	天气现象（团雾监测、大风）	○	◎	●	●	○	◎	●	●	○	◎	●	●
	隧道环境												
	能见度、CO、氮氧化物浓度、风速风向、洞内外亮度、温湿度、温感、烟感	◎	◎	●	●	○	◎	●	●	○	◎	●	●
基础设施状态感知	隧道结构												
	结构沉降	○	◎	●	●	○	◎	●	●	▲	▲	▲	▲
	裂缝	○	◎	●	●	○	◎	●	●	▲	▲	▲	▲
	渗漏水	○	◎	●	●	○	◎	●	●	▲	▲	▲	▲
	管片收敛变形	○	◎	●	●	○	◎	●	●	▲	▲	▲	▲
	衬砌	○	◎	●	●	○	◎	●	●	▲	▲	▲	▲
	桥梁结构												
	桥梁响应	○	◎	●	●	○	◎	●	●	▲	▲	▲	▲
	结构变化	○	◎	●	●	○	◎	●	●	▲	▲	▲	▲
	路面结构												
	路面性能（破损、裂缝）	○	◎	●	●	○	◎	●	●	▲	▲	▲	▲
	路基性能	○	◎	●	●	○	◎	●	●	▲	▲	▲	▲
	边坡性能（坍塌、沉降）	○	◎	●	●	○	◎	●	●	▲	▲	▲	▲

（续表）

感知监测指标		快速路				主次干路				支路			
		D1	D2	D3	D4	D1	D2	D3	D4	D1	D2	D3	D4
基础设施状态感知	交通工程及附属设施												
	交通安全设施状态	○	◎	●	●	○	◎	●	●	▲	▲	▲	▲
	服务设施状态	○	◎	●	●	○	◎	●	●	▲	▲	▲	▲
	管理设施（供配电、照明、通信等）状态	○	◎	●	●	○	◎	●	●	▲	▲	▲	▲
	隧道消防设施、隧道机电设施状态	○	◎	●	●	○	◎	●	●	▲	▲	▲	▲

注：●——应建设；◎——宜建设；○——可建设；▲——不作要求。

交通状态感知数据主要为制定城市道路路网管理措施、开展指挥调度与应急救援、发布交通信息等工作提供数据支持。交通状态感知包括交通基本参数感知、交通异常事件感知、交通违法事件感知以及交通运行感知（图3-10）。交通基本参数感知宜在交通流量大、事故发生率高的重点路段，以及互通式立体交叉、枢纽和停车区等关键节点，加密布设感知设备；交通异常事件感知宜包括路网事件和养护事件的感知，其中路网事件包括交通事故、交通拥堵、异常停车、违法变道等；交通违法事件感知设备应布设在非机动车、行人过街需求较大的无信号交叉口；交通运行感知应包括对车辆身份信息、实时定位信息、运行状态信息和行驶轨迹信息等的感知。

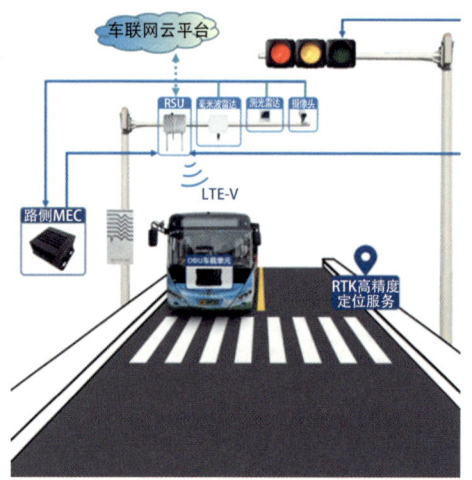

图3-10 交通状态感知

环境感知包括气象环境感知和隧道环境感知，感知内容具体涉及路面积水结冰、团雾以及隧道内的温湿度监测等，应具备恶劣天气预警、安全信息提示的功能（图3-11）。

图 3-11　不良天气感知

基础设施状态感知包括路面结构感知、桥梁结构感知、隧道结构感知以及交通工程及附属设施感知等，如图 3-12 所示。

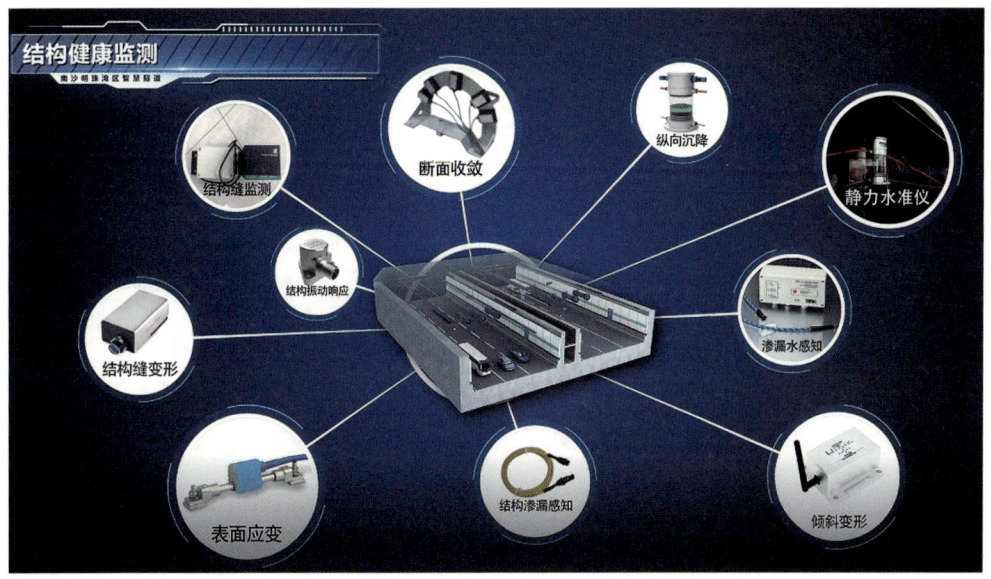

图 3-12　基础设施状态感知

3.7.2　网络基础设施

网络基础设施是连接感知设备和智能中台的桥梁，包括有线网络和无线网络等通信设施，主要涉及光纤网络、4G/5G 移动网络、Wi-Fi 网络等，用于将感知设备采集的数据传输到智能中台，并接收智能中台下发的指令和数据。

城市智慧道路通信设施应包括有线通信网络和无线通信网络，如图 3-13 所示。

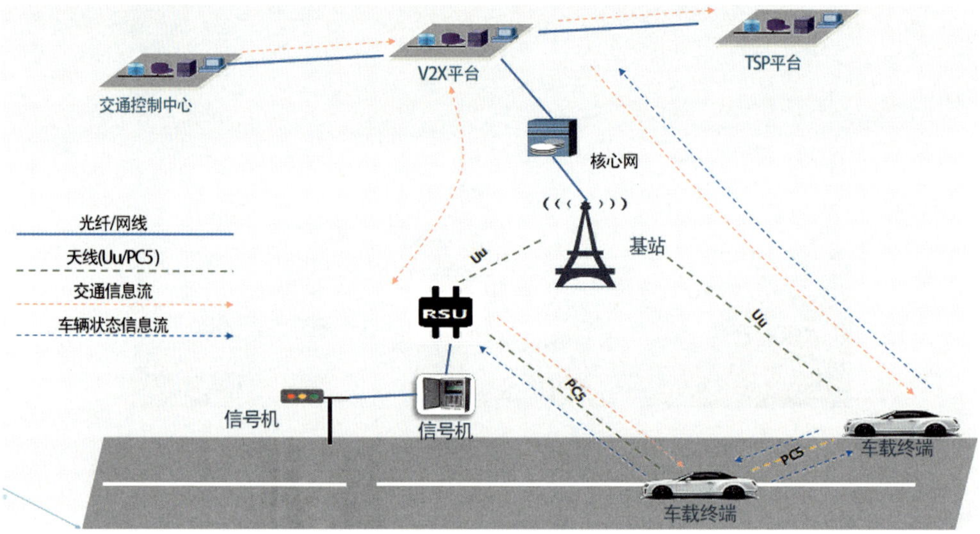

图 3-13　城市智慧道路通信设施

通信设施宜采用道路光纤通信专网系统，在安全可控的前提下，将地面道路、地下道路通信专网与互联网、卫星通信网络进行多网联通融合应用，进而构建高可靠、低时延、广覆盖、大带宽的通信网络系统。

建设多网融合通信系统时，应进行快速路、城市地面道路、隧道有线通信网络、无线广域通信网络与短距离 V2X 通信的融合。

城市道路有线通信网络设计应符合下列规定：

（1）通信网络的信息交互能力应安全可控，在满足实际数据传输需求的同时满足智慧化应用中远期业务和备用的需求。

（2）通信光缆敷设、通信管道路由和位置选取、各节点传输设备选型、业务和数据接口带宽设计，应满足智慧化功能应用场景要求。

（3）主干光缆数量和通信管道容量的设计应满足智慧道路业务需求以及远期预留需求。

（4）重要通信传输链路应提供链路冗余，关键通信设备应采用双机备份。

城市道路无线通信网络设计应符合下列规定：

（1）应为中高速运动的交通要素提供可靠的通信接入，支撑交通要素全 IP 化的主动信息推送和双向信息交互。

（2）通信技术应满足业务应用场景需要，宜选择超低时延、超高可靠、超大带宽的无线通信服务。

新建 5G 基站需与城市照明灯杆、交通设施塔杆、天眼塔杆、广电塔杆、电力塔杆等市政设施公建共享，逐年提高公建共享比例。

5G 宏基站可采取与景观结合，独立宏基站与建筑结合的策略。5G 微基站可结合公交站点或综合杆设置。5G 基站的布局以集约性、同步性和系统性为原则，具体的布局指标如表 3-6 所示。

表 3-6 5G 基站布局指标

区域	具体分区	5G 基站间距标准
高密区	核心建设重点区域	150 m
	其他区域（包括有条件建设区和特殊用途区）	200～300 m
密集区	道路与交通设施用地	200 m
	其他区域	300 m
一般区	道路与交通设施用地	200 m
	商服用地	300～400 m
	其他类用地	600～750 m

图 3-14 为某高铁西城片区 5G 基站布局分区示意图。

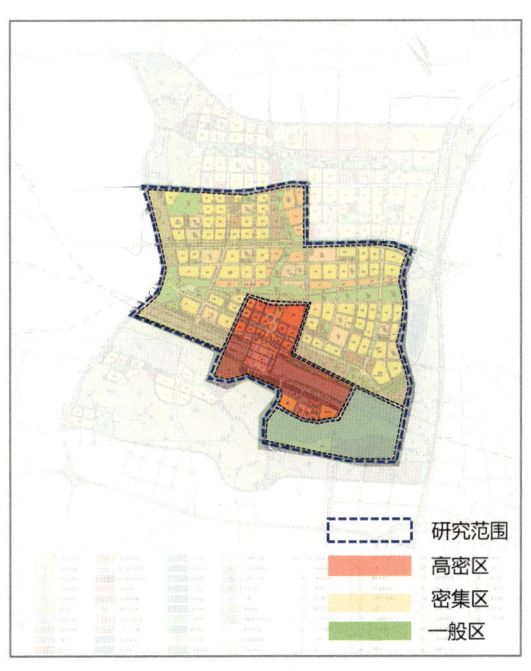

图 3-14 某高铁西城片区 5G 基站布局分区示意图

3.7.3 供电能源网络

智慧能源网络体系构建,主要是对新能源汽车充电桩和管网系统建设进行统筹规划。

充电桩是可为电动汽车充电的设施,其功能类似于加油站里面的加油机,可以固定在地面或墙壁,安装于公共建筑(如公共楼宇、商场、公共停车场等)和居民小区停车场或充电站内,根据不同的电压等级为各种型号的电动汽车充电。充电桩的输入端与交流电网直接连接,输出端都装有充电插头。

充电桩按照安装方式可分为落地式充电桩和挂壁式充电桩,按照安装地点可分为公共充电桩和专用充电桩。

3.7.4 道路载体基础设施

道路载体基础设施是指道路本身作为智慧道路系统的基础载体,包括道路建设、道路标识、交通设施等。这些基础设施需要与感知设备和网络设施相结合,例如,在路灯、交通标志等设施上安装监控摄像头、Wi-Fi 热点等。

城市智慧道路设计宜构建由综合杆、综合箱等组成的载体设施。

(1)综合杆设计应符合如下规定。

① 应满足点位控制、整体布局、功能齐全和景观协调的总体要求。

② 应按照先路口区域、后路段区域的顺序开展整体设计。

③ 应以信号灯、监控等关键设施的点位为控制点。

综合杆的布局有以下原则。

① 路口应尽合:标志标牌、信号灯、监控等设施集中于路口,对于合杆的需求大;路口作为道路节点,合杆整治提升效果最大,是合杆的标志性区域;根据合杆导则规定,对路口的应上杆设施按要求全部进行整合。

② 路段能合则合:需综合考虑路段地下空间是否有标准合杆实施条件;对路段已设计、有需求的个别点位进行合杆设计,其余采用市政路灯。

③ 综合杆布局应满足现状设备搭载的点位、高度、横臂长度等方面的需求,并考虑后期功能拓展需要,预留点位、横臂法兰和横臂。

图 3-15 为综合杆合杆样式设计示意图。图 3-16 和图 3-17 分别为片区普通路口和重点路口的综合杆布局示意图。

(2)城市智慧道路的设备机箱应进行整合,统一设置于综合箱内。

综合箱设计应满足现状设备的布置需求,并应结合后期功能拓展的需求,预留箱内仓位,宜采用智能综合箱以便对运行状态实施远程监测。

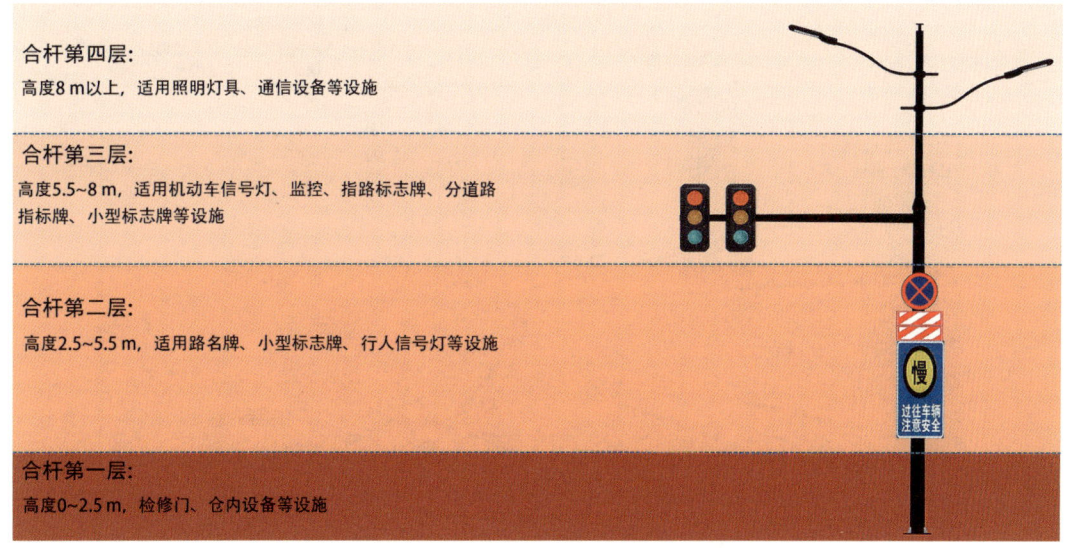

图 3-15　综合杆合杆样式设计示意图

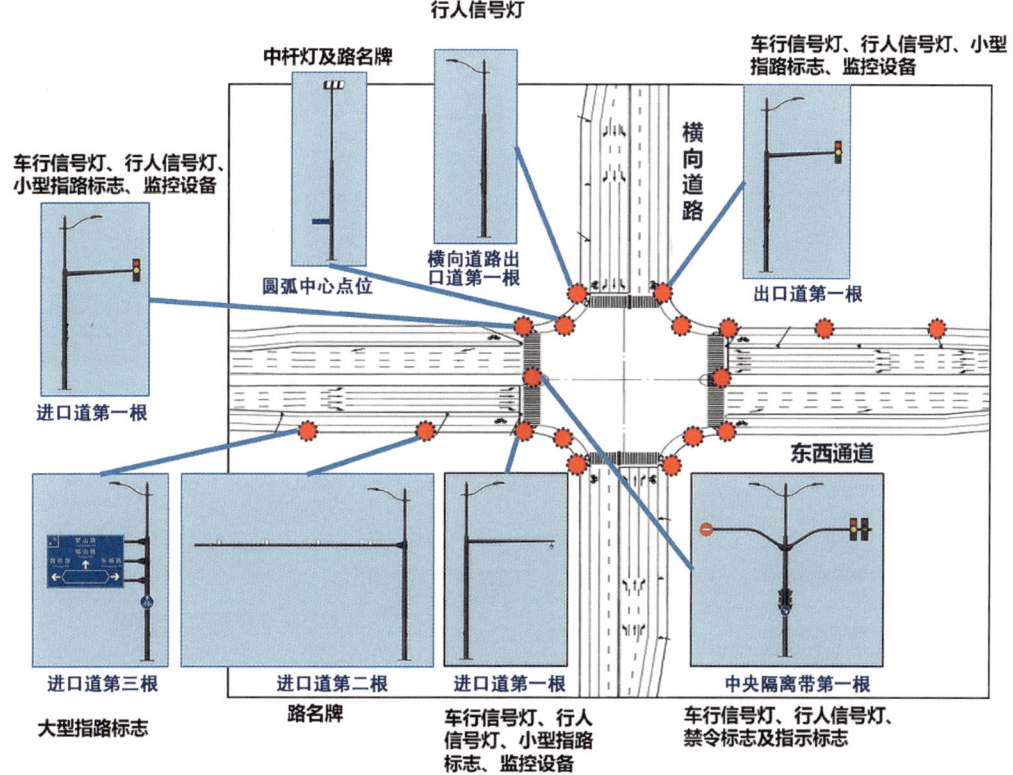

图 3-16　片区普通路口综合杆布局示意图

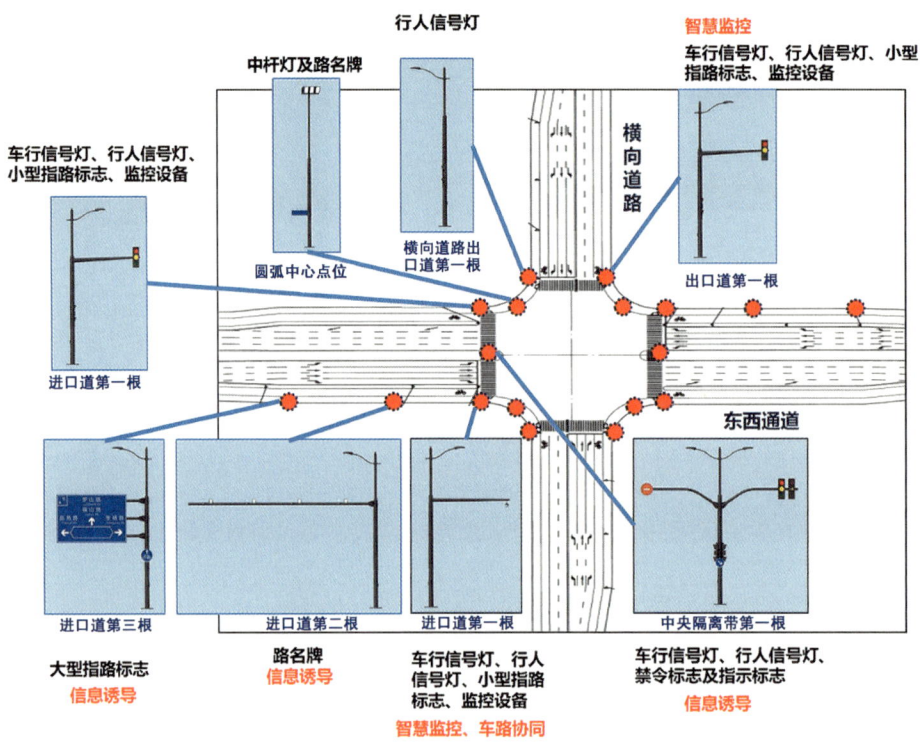

图 3-17　片区重点路口综合杆布局示意图

综合管线负责整合地下管网，主要针对综合机箱所对应的管线设施，充分预留管孔，规范强弱电分设，明确管线与对应设施之间的衔接。多箱合一方案设计如图 3-18 所示。片区重点路口合箱布局示意如图 3-19 所示。

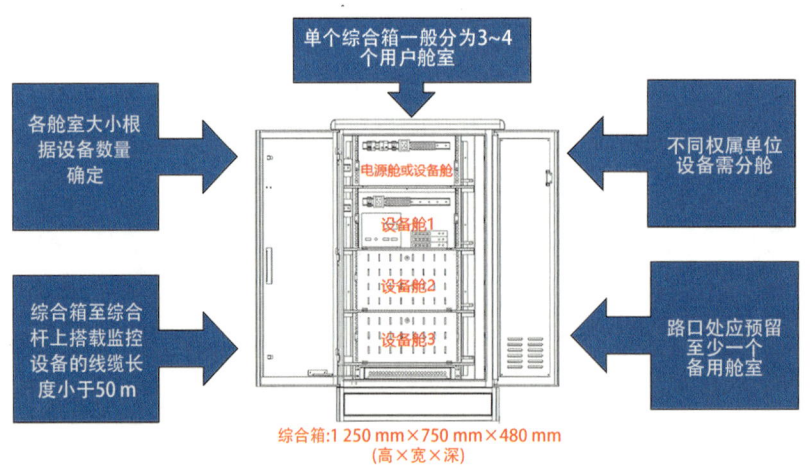

图 3-18　多箱合一方案设计

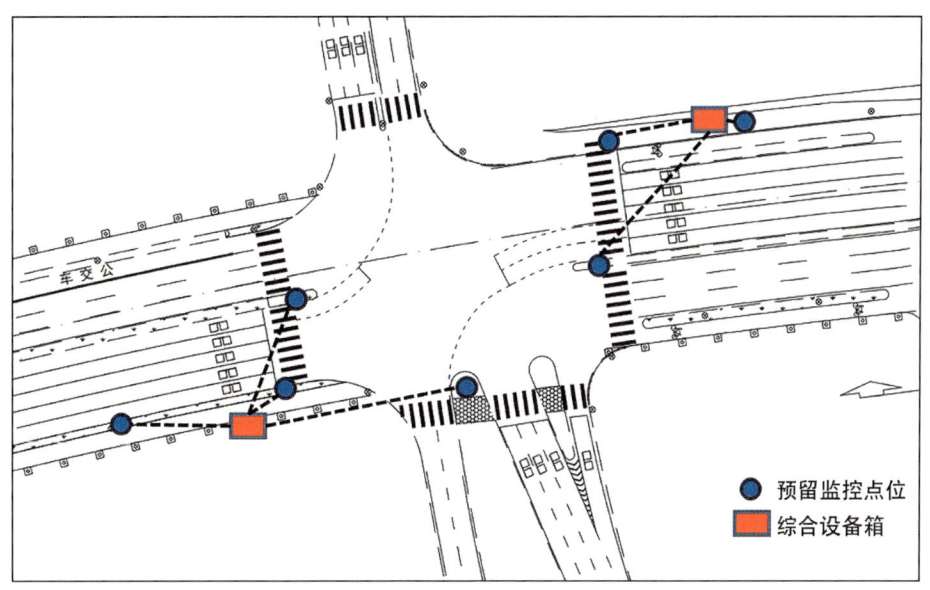

图 3-19 片区重点路口合箱布局示意图

3.7.5 管控平台

管控平台是整个智慧道路系统的核心控制和管理中心，负责数据的汇聚、分析和处理，以及决策与指挥调度工作。城市智慧道路智能管控平台能够实现对交通状态、道路状况、车辆行驶轨迹等数据的实时监测和分析，从而为交通管理和决策提供支持。其应具有安全、可用、可维护和可扩展等特性。

城市智慧道路智能管控平台的各项功能应满足城市道路运营管理、养护运维和出行服务的要求，并应符合下列规定：

(1) 应采用智能化信息资源共享和信息协同运行的架构形式。

(2) 应具有适用、高效的监管功能。

(3) 应具备综合应用功能的延伸及拓展能力。

城市智慧道路智能管控平台应积极推动与 CIM 平台、城建、交警、路政行业等行业系统平台的对接工作，实现不同管理部门对城市道路及相关交通的协同管理和应急管理。城市智慧道路智能管控平台应满足对外互通的需求，与社会服务类系统实现联通，进而向社会及公众提供数据和信息发布服务。

信息安全与对外接口是确保智慧道路系统安全运行以及与外部系统有效连接的关键环节。它包括网络安全防护措施、数据加密技术和安全协议等，用于保护数据的安全性和隐私性。同时也需要对其提供对外的接口，以便与其他系统进行数据交换和共享。

3.8 设计方法与流程

3.8.1 概述

城市道路智能化工程以道路运行功能需求为核心,对各类相关数据进行采集感知,深入开展数据挖掘分析和利用工作,同时采用智能化设备设施进行管控,以此提升道路运行效能。该工程强调数据的全过程应用,涵盖感知、分析研判、决策管控等环节,是物联网、云计算、大数据、人工智能、5G 等新一代信息技术的综合集成应用范例。

城市道路智能化工程设计依托交通工程、道路工程、防灾工程、信息工程以及通信工程等各学科的基本理论和原理展开;以提升道路的安全性、高效性以及实现绿色低碳为目标,将道路交通、建筑、机电、暖通、防灾等各专业予以融合;充分考虑运营阶段需求,秉持服务优先理念,在一定约束条件(如投资规模、建设条件、技术成熟度等)下,对城市道路系统的功能与性能加以优化,提升综合性整合设计水平。

城市道路智能化工程设计融合了多专业整合设计、全生命周期设计(充分考虑运营阶段需求)、以运营和服务为导向的精细化设计以及系统工程设计于一体。

智能化设计应包括智能化集成、交通监控与系统设计、环境与设备监控系统设计、公共安全系统设计、运营管理系统设计、附属设施的设计,以及工程招标、施工、运维管理的配合工作。

3.8.2 设计流程与内容

城市道路智能化工程设计内容主要涵盖城市道路功能定位分析、需求与问题分析、设计目标、总体设计(系统集成设计)以及近期实施方案设计(各功能模块与应用场景设计、系统平台设计、主要设备设施选型与布局、投资估算),如图 3-20 所示。此外,还包括提出其他专业设计界面,提出工程施工要求,对智能化系统集成商的深化设计进行指导、协调和监督,参与系统的试运行和验收工作等。

1. 城市道路功能定位分析

首先,系统分析当前国家以及各地区关于智慧城市、智慧交通等方面的相关政策背景,同时剖析片区的智慧城市及智慧交通的相关规划内容,在此基础上进一步总结提炼相关要求,将其作为智慧道路设计的依据。

其次,重点分析道路的功能特征,根据道路功能等级,尽可能按"一路一方案""一路多场景"的要求,分段分析不同路段的主要交通特征,实现智慧化建设因地制宜。

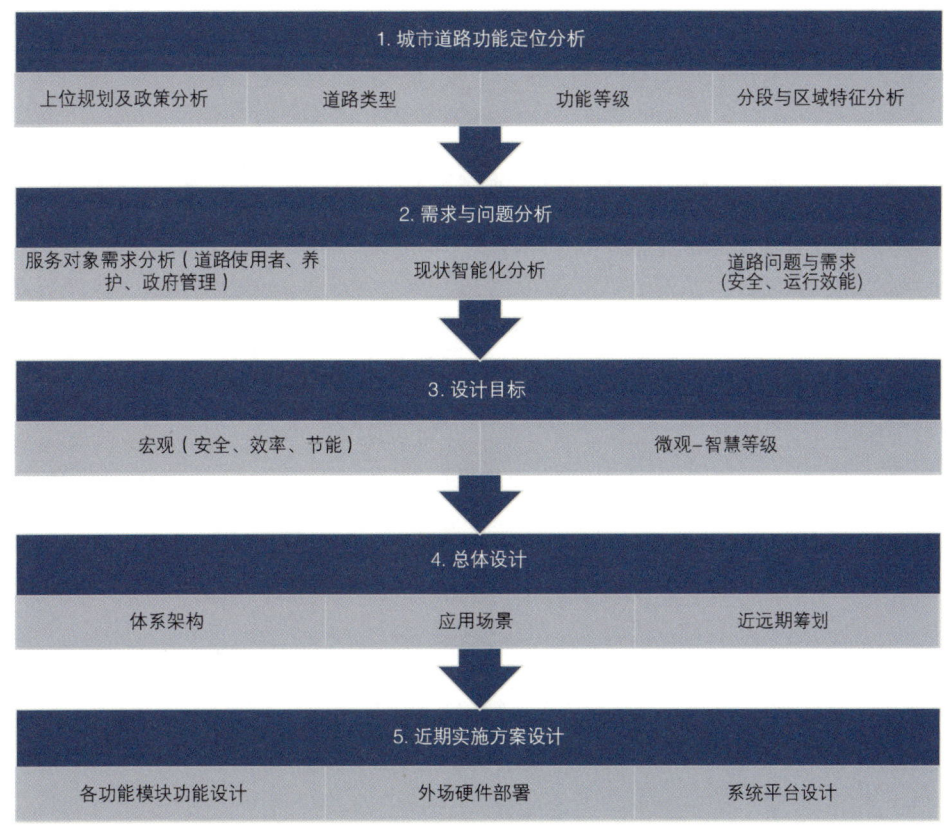

图 3-20　城市道路智能化设计流程

区域分区可分为商业区、居住区、工业物流园区和风景区等。

以无锡大成路为例，由于地面道路沿线地块开发不同，大成路交通需求特性存在差异，所以，在开展智慧化设计时需要分段开展，如图 3-21 所示。

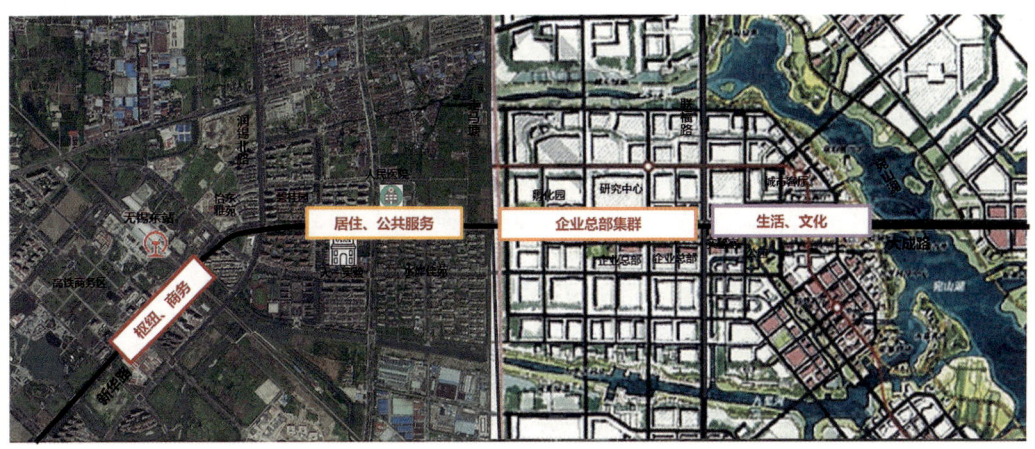

图 3-21　无锡大成路地面道路分段分析

润锡北路以西：沿线为无锡东站和高铁商务区，以枢纽集散和商务出行为主。润锡北路—走马塘：沿线以住宅、医院、学校等公共配套为主，城市生活与通勤交通需求突出。走马塘—联福路：沿线以研发中心和企业总部为主，通勤交通量大。联福路以东：沿线主导功能为生活服务、文化场馆，毗邻宛山湖，休闲旅游与生活交通并重。

2. 需求与问题分析

面向道路服务对象，思考分析"为谁服务"这一问题，系统梳理不同服务对象的需求和不同管理部门的诉求。服务对象优先分析应涵盖机动车、公交、货运、非机动车与慢行等类型。

（1）道路使用者需求，包括行车安全需求、简洁高效的交通引导需求、行车舒适性需求以及交通信息服务需求。

（2）道路运营管理部门需求，包括安全监控需求，如车辆超速、欠速、倒车等违法行为的快速识别与自动识别；交通事件需求，如碰撞、行人闯入、抛洒物等的快速识别与自动预警；车辆拥堵的识别与有效疏导需求；设备运行状态监控、基础设施维护需求；等等。

（3）政府管理部门需求，包括公安、交管、交通、安监、消防等部门的需求。交警部门需要实现交通事故实时上报、紧急事件管理、紧急救援，以及交通违法行为采集。交通管理部门需要实现交通运输规划与实时管控，以及三客一危、特种运输车辆管理。消防部门需要实现对火灾的预警等。

除了梳理以上各服务对象需求外，还需要与道路交通、防灾、通风、照明等专业设计进行充分对接，详细梳理道路其他专业所面临的问题，如交通拥堵的潜在点、交通安全隐患点以及防灾难点等，考量这些问题能否通过数字化技术予以解决，以此作为智慧化设计场景的主要来源和依据。通过智慧化设计，促使道路设施达成最优性能状态。

现状智能化分析是智慧道路设计的重要依据。通过对照国内外相似类型道路的智慧化案例，汲取并借鉴其中的经验与优势。通过横向对比分析，能够明确本道路在智慧化建设方面所处的行业水准位置。

3. 设计目标

智慧道路设计应明确提出设计目标，包括：宏观目标，能够对照国内外现状，针对远期目标提出道路智慧化水平；具体设计目标，包括通行能力（运行高效）、承载能力（耐久可靠）、抗灾减灾能力（韧性安全）以及节碳能力（绿色低碳）等，具体指标和要求应尽量可量化、可评估。

4. 总体设计

根据设计目标，针对需求分析，系统构建道路智慧化建设场景体系，从实施的效益效果、技术成熟度、建设迫切性等不同维度对智慧化场景体系进行近远期的统筹规划，提出近期落地建设场景，并为远期做好供电、网络以及安装空间等预留。

应用场景总体上分为运营管理、养护运维和出行服务三大模块，主要服务道路使用者、运营养护单位和政府管理部门，重点提升交通出行效率、交通参与者获得感、养护运维单位作业效率以及政府部门管理效率。

通过总体设计，重点打造能够满足"弹性可生长"的基础设施底座和平台，为未来道路的智慧化应用提升预留条件。

5. 近期实施方案设计

近期智慧化建设场景需要结合土建同步设计、同步施工和同步投入使用。近期实施方案是智慧化道路设计的主要工作内容，包括各子模块的设计以及系统平台设计。

各子模块设计首先应明确提出各模块所能达到的功能效果，并在此基础上提出子模块的系统架构以及主要的外场设备部署。

在感知方面，明确提出感知采集的数据类型、性能要求（如准确率、时延等）；在分析研判方面，明确有哪些分析研判功能、主要方法和模型、性能要求（如仿真时延、仿真准确率、预测、预警等）；在决策管控方面，明确提出管控功能，以满足性能要求（如时延、自适应、固定调节等）。

重点做好关键设备的布设方案，包括设备选型、设备点位、部署要求、设备所需的供电与网络需求等。

针对新技术的应用，应重点做好设备及技术路线的比选，以满足工程的可靠性和经济性等要求。

系统集成平台设计，需要明确提出平台功能与性能要求，系统架构、物理架构、数据流等，对外接口，以及信息安全等完整内容。

近期实施方案同时还需要做好与交警等相关部门的对接工作，确保后期项目能顺利落地。

3.8.3 智能化设计与协调

智能化设计应从道路建筑功能、交通功能、使用需求和管理要求等出发，宜由需求分析、总体规划、设计标准、系统配置、文件编制、技术服务等环节组成。

智能化设计应与建筑、结构、机电专业的设计同步进行，并与建筑主体设计协调一致，贯穿于设计的全过程。

智能化设计流程可分为方案设计、初步设计和施工图设计三个阶段。当建设行政主管部门、工程建设方对初步设计没有审查要求,且设计合同中没有做初步设计的约定时,可在方案设计审批后直接进入施工图设计阶段。

当交通信号、可变信息标志等智能化系统外场设备设置于道路结构上时,智能化设计方应提供设备设施的设置桩号、预留孔尺寸、结构重力和受力条件等信息;主体工程设计方进行道路结构设计时应进行预留、预埋设计。

交通设施、智能化设施的设置及其安装分别由交通设施设计方和监控设施设计方设计。

埋设在道路结构墙体的通信、信号及供电系统管道,应由智能化系统设计方与主体工程设计方共同商定,确定管道设置位置,主体工程设计方应在相关设计图中标注预留管道的尺寸和位置,并列入主体工程方的设计文件。

埋设在道路结构墙体的设备箱体,应由智能化系统设计方与主体工程设计方共同商定,确定设备箱体的设置位置,主体工程设计方应在相关设计图中标注箱体孔洞的尺寸和位置,并列入主体工程方的设计文件。

3.8.4 设计成果文件

智能化设计文件的编制应符合国家、行业和地方相关标准、规范的要求,满足工程审批、工程招标、现场施工和使用管理的要求。

智能化设计文件应根据设计流程的要求进行编制,并应对涉及人身和财产安全的系统进行专业评审或图纸审查工作。

方案设计成果文件应包括方案设计文件和造价估算,并应满足方案审批或报批的要求。对于招标阶段有方案设计招标要求的,应执行设计招标文件的要求,并符合国家、行业和地方相关标准、规范的要求。

初步设计成果文件应提供初步设计文件和概算,并应满足初步设计审批的要求。

施工图设计成果文件应满足设备材料采购、非标准设备制作和施工的要求,并应满足施工图审查及工程招标的要求。

方案设计成果文件的编制包括:①设计说明书,包含工程概况、设计依据和设计内容;②对应智慧道路级别的系统配置表;③智能化系统造价估算。

初步设计成果文件的编制包括:①设计说明书,包含工程概况、设计依据、设计范围及分工界面、设计内容、设计遗留问题;②设计图纸,包括目录、图例、系统图、原理图、典型区域设备点位及槽盒平面图、中控室及机房布置图;③选用的设备及材料清单。

施工图设计成果文件的编制包括:①设计施工说明,包括工程概况、设计依据、设计范围、设计内容、系统设计、供电、防雷及接地、线缆敷设等要求；②设计图纸，包括目录、总平面图、图例、智能化集成平台架构图、各子系统的系统图、原理图、各系统平面图、中控室及机房详图、弱电间布置图以及设备安装详图；③相关系统配置点表；④选用的设备及材料清单。

第 4 章　城市智慧道路应用场景设计

4.1　快速路设计内容与要求

城市快速路智慧化设计应以快速路常规弱电系统为基础，宜建设提升快速路运营安全、减少节点性拥堵、保障运行效率等应用场景。

城市快速路智慧化应用场景设计宜结合城市快速路特征、运营需求和智慧等级等综合确定，并应符合表 4-1 的规定。

表 4-1　城市快速路智慧化应用场景设计内容

模块	设计内容		智慧分级			
		应用场景	D1	D2	D3	D4
		交通流信息采集	■	■	■	■
	交通视频监控	交通态势监控	■	■	■	■
交通监测		道路运行状态监测	■	■	■	■
	交通运行监测	重点车辆全程监测	■	■	■	■
		异常驾驶行为识别	—	—	■	■
		交通违法事件检测	■	■	■	■
	出入口管控	匝道控制	—	■	■	■
运营治理		出口匝道高低联动	—	—	■	■
	交通管控	动态分合流区控制	—	■	■	■
	主线车道控制	车道控制	—	■	■	■
		速度平滑控制	—	■	■	■
	车路协同控制		—	—	—	■
		应急预案	—	■	■	■
应急管理	交通事故处置	事故信息服务	—	■	■	■
		应急调度指挥	—	■	■	■
	智慧防灾	灾害预警及态势推演	—	—	■	■
		动态疏散救援	—	—	—	■

(续表)

设计内容		应用场景	智慧分级			
模块			D1	D2	D3	D4
养护运维	设施与环境监测	结构监测与预警	■	■	■	■
		设施设备监测与预警	—	■	■	■
		能耗采集	—	—	■	■
		移动智慧巡检	—	—	■	■
	生命周期养护管理	设施设备性能评估	■	■	■	■
		养护决策系统				
出行服务	信息发布	实时交通信息发布	—	■	■	■
		气象信息服务	—	—	■	■
		交通事件发布	—	—	■	■
		交通预测信息发布	—	—	■	■
	伴随式信息服务	准全天候通行支持	—	—	■	■
		车路协同信息服务	—	—	—	■

注：■——宜建设内容。

4.1.1 运营治理模块

1. 交通监测模块

城市快速路交通监测模块设计包含交通流信息采集、交通视频监控、交通运行监测三个应用场景及其子场景，建设要求应结合建设项目的智慧等级确定。

道路运行状态监测应用场景包含数据分析及检索、信息监测及共享信息获取、自动展示及报警、重点路段态势预测、突发道路交通事件预警等内容，可在对交通量、行驶速度及车型比等路网运行指标进行量化后评估交通流态势，评估结果能在电子地图上分级展示和自动预警提示。路网自动预警应包括但不限于高流量预警、超载车辆预警、突发道路交通事件预警等服务。重点车辆全程监测应用场景包含对"两客一危"等重点车辆的身份信息记录、速度测定、车辆位置监测等基本内容，可实现车辆轨迹在线监测与历史回放、车辆缉查与异常车辆自动报警。

各级别智慧道路设计宜符合下列规定。

（1）D1级及以上级别宜设计交通流信息采集应用场景，并宜符合下列规定：①D1级、D2级宜具备城市快速路基本交通流信息采集功能；②D3级及以上级别宜具备交通流全息感知功能，实现对车辆个体轨迹的数据采集。

(2) D1 级及以上级别宜设计交通态势监控应用场景,并宜符合下列规定:①D1 级宜具备基本交通态势监控功能;②D2 级及以上级别宜增加监控精度,实现高清全景交通态势监控。

(3) D1 级及以上级别宜设计道路运行状态监测应用场景,并宜符合下列规定:①D1 级宜结合交通流检测器的数据对道路运行状态进行常规监测;②D2 级及以上级别宜提升监测系统的时效性,并宜基于感知基础设施的海量数据对道路进行全方位、全天候的实时监测、监控、预测和预警。

(4) D1 级及以上级别宜具备重点车辆全程监测应用场景,并宜对"两客一危"及重污染车辆等重点车辆进行全程监测。

(5) D3 级及以上级别宜具备异常驾驶行为识别应用场景,宜基于路段驾驶行为数据智能识别车辆的异常状态并实时报警。

2. 交通管控模块

城市快速路交通管控模块设计宜包括交通违法事件检测、出入口管控、主线车道控制和车路协同控制等应用场景,建设要求应结合建设项目的智慧等级确定。

交通违法事件检测应用场景包含对快速路行驶车辆超速、逆行、停车、抛洒物、占用专用路等违法行为的检测,并需具备违法态势研判、违法取证、车辆查缉、布控管理的功能。

匝道控制应用场景应在快速路入口匝道上部署交通信号,对车辆进入快速路设施的速度进行动态控制。通过交通响应或自适应算法,自适应匝道依据快速路上的实时交通量或预期交通量控制进入快速路设施的车辆。高级别智慧化功能应包含多匝道协调控制模块,并对控制区域具有动态瓶颈识别、自动事件检测等功能,同时与相邻干线交通信号联动控制模块进行连接。

出口匝道高低联动应用场景,对于入口匝道,在与之衔接的主要地面交叉口实现与入口匝道信号的联动控制,防止进入车辆排队溢出,如图 4-1 所示;对于出口匝道,在与之衔接的主要地面交叉口采用信号联动控制,防止出口车辆对周边路网造成拥堵。该联动控制与路径诱导系统进行连接。

动态分合流区控制应用场景是在交通量大且交通需求变化明显的立交区域或主线出入口区域,动态分配车道数及控制车道开合状态。对于出口匝道,包括共享直行出口或仅出口使用动态分配车道;对于入口匝道,可根据交通量动态调节入口匝道上游主线车道数量,如图 4-2 所示。

车道控制应用场景是根据实时事故和拥堵状况,或其他需要动态关闭或开放的个别车道，提供关闭提前警告，以便安全地将交通并入相邻车道，如图 4-3 所示。速度平滑控制应用场景是根据实时或预期的交通、道路和/或天气状况调整速度限制。采用可执行的速度限制或建议，根据需要将其应用于路段或单个车道。

图 4-1　弘吴大道快速路入口管控

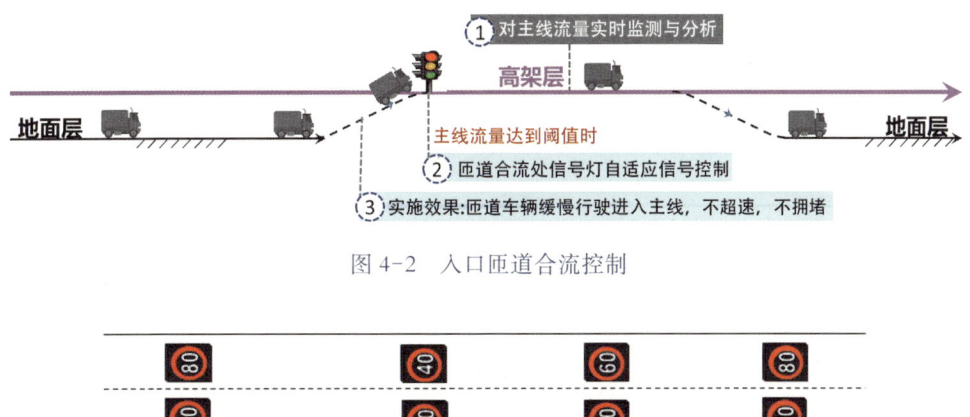

图 4-2　入口匝道合流控制

图 4-3　主线车道控制

各级别智慧道路设计宜符合下列规定。

(1) D1 级及以上级别宜设计交通违法事件检测场应用场景,并宜符合下列规定:①D1 级宜结合交通管理部门的管理业务需求,设置交通摄像头等交通违法事件检测设备,实现全路段监控;②D2 级及以上级别,随着智慧化等级的提高,宜在交通量大的互通立交、出入匝道等重点位置加密布设点位,实现全覆盖监控。

(2) D2 级及以上级别宜设计立交匝道控制应用场景,并宜符合下列规定:①D2 级宜结合实时交通流信息,实施自适应入口匝道控制;②D3 级及以上级别宜增加多匝道协调控制,并实现与出口匝道高低联动模块的衔接。

(3) D3 级及以上级别宜具备出口匝道高低联动及动态分合流区控制应用场景。

(4) D2 级及以上级别宜具备车道控制应用场景,并宜结合实时交通流信息动态调整车道控制参数,建立灵活高效的车道使用模式。

(5) D2 级及以上级别宜具备速度平滑控制应用场景,并宜结合道路运行状态动态调整路段限速。

(6) D4 级宜具备车路协同控制应用场景,并宜支持交通预警与车路协同管理。

3. 应急管理模块

城市快速路应急管理模块设计包含应急预案、交通事故处置、智慧防灾三个应用场景及其子场景,建设要求应结合建设项目的智慧等级确定。

事故信息服务应用场景应具备事件监测以及紧急情况的收集、显示、上报功能,即在指挥中心内能通过网络传输或其他通信方式实时接收、显示、上报紧急情况的现场文字、图片、音视频信息,如图 4-4 所示;具备事件预警管理并且预警信息可通过智慧情报板发布的功能;具备语音、视频会议功能,即根据需要召开应急音视频会议,包括协调会、部署会、总结会等各类会议。

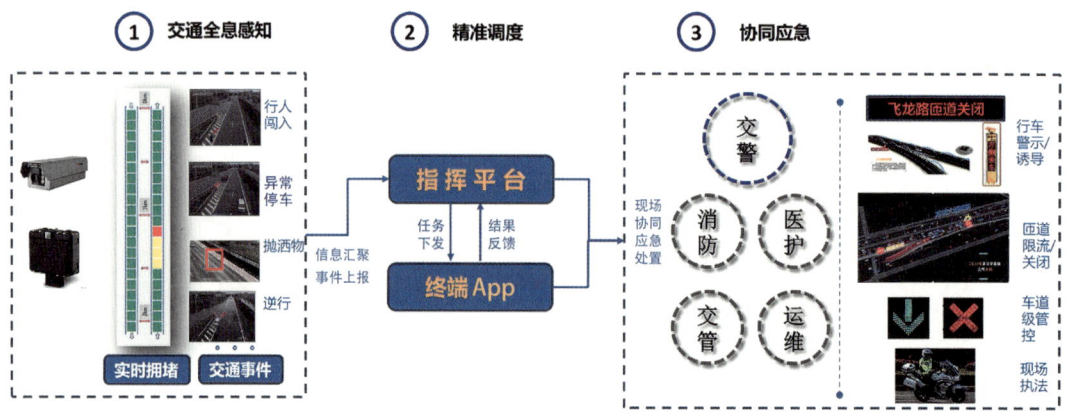

图 4-4 交通事故与应急联动

应急调度指挥应用场景应具备远程监控调度指挥功能，即通过实时监控图像信息，利用音视频对现场进行远程指挥；具备应急预案管理功能，根据应急事件自动生成相应的预案策略，根据策略能够快速匹配调动应急人员、车辆和应急物资；具备应急人员、车辆、物资等应急资源动态管理功能，实现应急资源的查询和调动；具备应急处理事后可恢复、处理过程可评价、事故情况可统计的功能。高级别智慧化功能应具备协同联动功能，实现路段与路网之间的联动，实现与交警、消防等相关方的跨部门、跨平台联动，如图4-5所示。

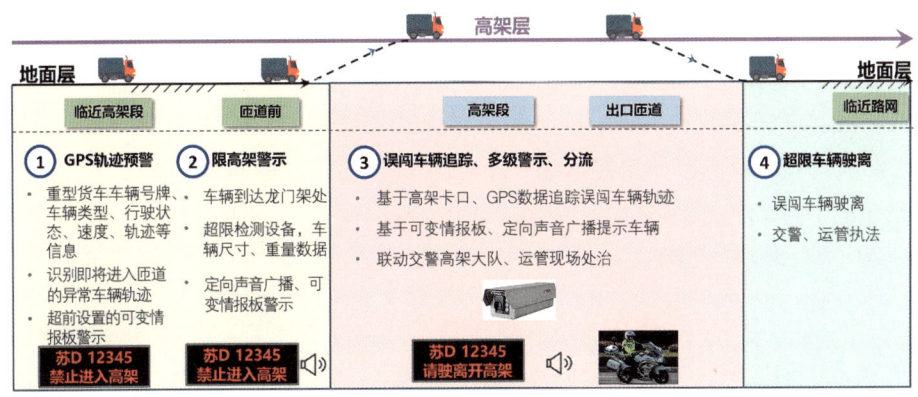

图4-5 超限车辆监测与应急联动

各级别智慧道路设计宜符合下列规定。

(1) D2级及以上级别宜设计应急预案应用场景，并应符合下列规定：①D2级应急预案可采用预先设定模式，并应与管控设施进行联动，经人工确认后，具备自动化启动的功能；②D3级及以上级别宜具备应急预案智能化决策模式，可根据现场实时情况，自动化生成预案，具备自主决策控制功能。

(2) D2级及以上级别宜具备事故信息服务应用场景，向事故上游路段的驾驶员提供事故信息服务。

(3) D2级及以上级别宜设计应急调度指挥应用场景，并宜符合下列规定：①D2级宜实现事故处置的快速调度；②D3级及以上级别宜实现与相关部门间的协同联动。

(4) D3级及以上级别宜设计灾害预警及态势推演应用场景。

(5) D4级宜设计动态疏散救援应用场景。

4.1.2 养护运维模块

1. 设施与环境监测模块

城市快速路设施与环境监测模块设计包含结构监测与预警、设施设备监测与预警、能耗采集、移动智慧巡检四个应用场景，建设要求应结合建设项目的智慧等级确定。结构监测与预警应用场景是将常规移动端设备的采集上传功能与物联网、云平台等新技术相结合，并对基础设施的基础数据、检测数据、监测数据、养护数据等进行融合分析和挖掘，实现实时监测预警及评估。

设施设备监测与预警应用场景是将机电等配套设施进行统一编码管理，利用技术手段实现身份识别，对机电、管线综合等配套设施实施可视化管理及实时监控，通过运维管理平台实现对服务器、存储设备、网络设备、网络安全设备的关键运行指标的实时在线监测。

各级别智慧道路设计宜符合下列规定。

（1）D1级及以上级别宜具备结构监测与预警应用场景，并宜符合下列规定：①D1级宜使用检测车、手持设备定期采集道路、桥梁等基础设施健康数据，采取人工分析方法对设施结构进行监测；②D2级及以上级别宜基于基础设施状态感知系统实现基础设施全生命周期智能在线实时监测及预警。

（2）D2级及以上级别宜具备设施设备监测与预警应用场景，宜通过物联网传感器、5G通信等技术实现机电设施设备全生命周期在线监测，提供设施潜在故障早期预警、故障自动报警服务。

（3）D3级及以上级别宜具备能耗采集应用场景。

（4）D3级及以上级别宜具备移动智慧巡检应用场景，在重点路段采用巡检机器人、无人机、高清视频等技术，实现无人巡检。

2. 生命周期养护管理模块

城市快速路生命周期养护管理模块设计包含设施设备性能评估和养护决策系统两个应用场景，建设要求应结合建设项目的智慧等级确定。养护决策系统应用场景具备设施基本信息查询、大中修数据记录、预养护记录和道路性能指标分析功能，同时具备对病害类型、养护措施进行数据分析与匹配的功能，辅助支持养护需求分析，大、中、小养护计划和养护作业等方案的定制。

各级别智慧道路设计宜符合下列规定。

（1）D1级及以上级别宜具备设施设备性能评估应用场景，并宜符合下列规定：①D1级及D2级宜采用人工分析方法评估设施设备的使用性能；②D3级及以上级别宜结合物联网检测器的实时数据对设施设备性能进行自动评估，实现故障数据自动分析及故障类型自动判断。

（2）D3级及以上级别宜具备养护决策系统应用场景，实现全自动养护数据分析、养护方案制订的功能。

图 4-6 所示为城市快速路智慧运维系统。

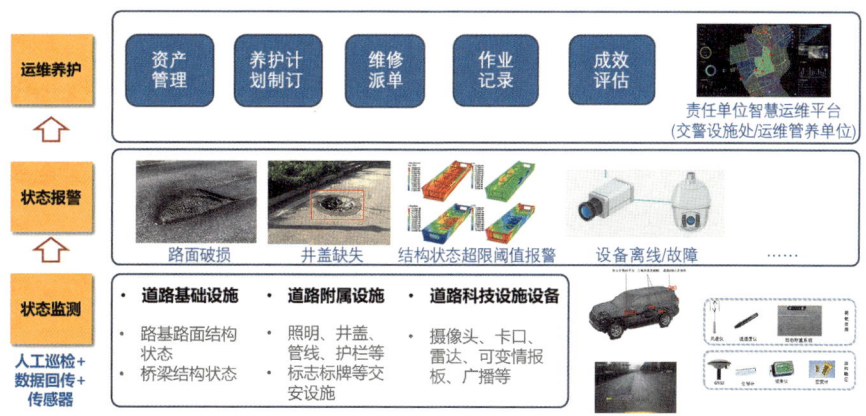

图 4-6　城市快速路智慧运维系统

4.1.3　出行服务模块

1. 信息发布模块

城市快速路信息发布模块设计宜包括实时交通信息发布、气象信息服务、交通事件发布、交通预测信息发布等应用场景。各级别智慧道路设计宜符合下列规定。

（1）D2 级及以上级别宜具备实时交通信息发布应用场景，利用信息发布屏实时发布路段交通信息。

（2）D3 级及以上级别宜具备气象信息服务应用场景，发布气象信息服务；D2 级及以上级别宜具备交通事件发布应用场景。

（3）D3 级及以上级别宜具备交通预测信息发布应用场景，实现交通趋势自动推演，实时发布预测信息。

图 4-7 所示为不良天气行车服务保障系统的保障内容。

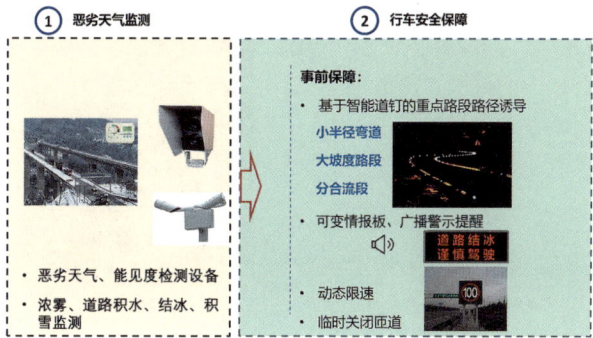

图 4-7　不良天气行车服务保障

2. 伴随式信息服务模块

城市快速路伴随式信息服务模块设计宜包括准全天候通行支持、车路协同信息服务等应用场景。各级别智慧道路设计宜符合下列规定。

（1）D3 级及以上级别宜具备准全天候通行支持应用场景，实现雾区行车诱导及道路冰雪自动消除，为驾驶车辆提供全天候的安全驾驶环境。

（2）D4 级宜具备车路协同信息服务应用场景，并宜支持和现有的 V2X 车载终端、运输车辆卫星定位系统等车载终端设备进行通信交互，为个体车辆提供实时交通信息。

图 4-8 所示为全过程信息服务系统。图 4-9 所示为车道级定位导航系统。

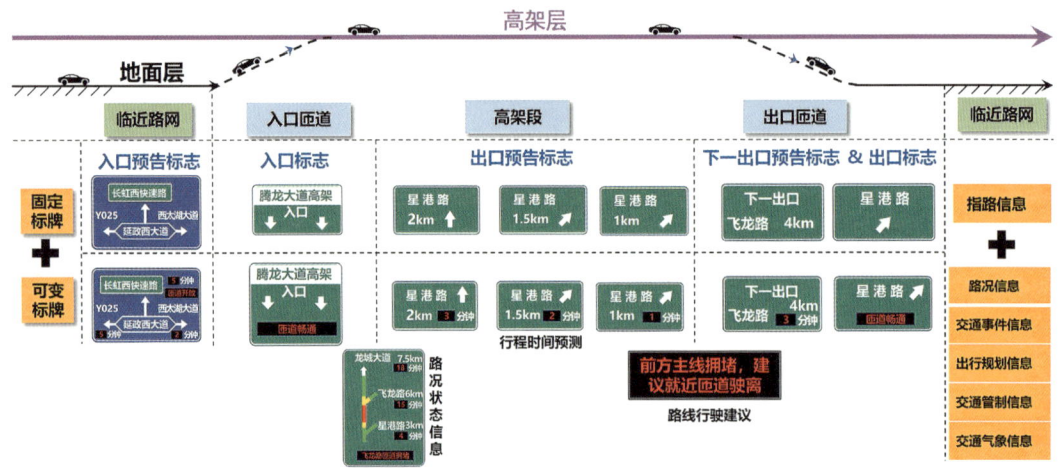

图 4-8　全过程信息服务系统

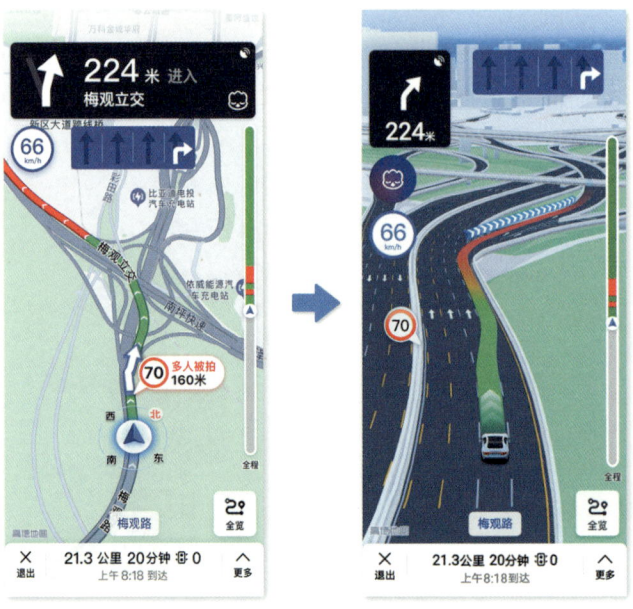

图 4-9　车道级定位导航系统

4.2 主次干路设计内容与要求

城市主干路可分为干线道路、交通性干路和集散性干路，主要为城市主要分区（组团）间中长距离及分区（组团）内部主要交通联系服务。次干路为集散道路，为干线道路与支线道路的转换以及城市内中短距离的地方性活动组织服务。城市主次干路智慧化应用侧重于解决以下两方面问题：一是解决交叉口多、交通状况复杂、交叉口区域机非干扰严重等影响交通效率和安全的问题，二是为公交的高效安全运行提供有力支撑。

城市主次干路智慧化建设内容宜结合城市主次干路交通特征、运营需求和智慧等级等综合确定，并应符合表 4-2 的规定。

表 4-2 城市主次干路智慧化应用场景设计内容

模块	设计内容		智慧等级			
		应用场景	D1	D2	D3	D4
交通监测	交通流信息采集	交通流信息采集	■	■	■	■
		交通全息感知	—	■	■	■
	交通视频监控	交通态势监控	—	■	■	■
		交叉口交通监控	■	■	■	■
	交通运行监测	重点车辆全程监测	—	■	■	■
		道路运行状态监测	—	—	■	■
		异常驾驶行为监测	—	—	—	■
运营治理	交通管控	交通违法事件检测	■	■	■	■
	主线车道控制	速度平滑控制	—	—	■	■
		动态潮汐车道	—	—	—	■
	交通信号控制	自适应信号控制（点）	—	■	■	■
		干线协调感应控制（线）	—	—	■	■
		区域协调信号控制（面）	—	—	—	■
		特殊车辆信号优先	—	—	■	■
		可变车道	—	—	—	■
		车路协同控制	—	—	—	■
应急管理	安全管理	车辆安全分析	—	■	■	■
	交通事故处置	事故信息服务	—	■	■	■
		应急调度指挥	—	■	■	■

(续表)

设计内容		智慧等级			
模块	应用场景	D1	D2	D3	D4
养护运维 / 设施与环境监测	结构监测与预警	—	■	■	■
养护运维 / 设施与环境监测	设施设备监测与预警	—	■	■	■
养护运维 / 设施与环境监测	能耗采集	—	■	■	■
养护运维 / 设施与环境监测	移动智慧巡检	—	—	—	■
养护运维 / 生命周期养护管理	设施设备性能评估	—	—	■	■
养护运维 / 生命周期养护管理	养护决策系统	—	—	—	■
出行服务 / 信息发布	实时交通信息发布	■	■	■	■
出行服务 / 信息发布	气象信息服务	—	■	■	■
出行服务 / 信息发布	交通事件发布	—	■	■	■
出行服务 / 信息发布	交通预测信息发布	—	—	■	■
出行服务 / 伴随式信息服务	特殊路段预警	—	■	■	■
出行服务 / 伴随式信息服务	准全天候通行支持	—	—	■	■
出行服务 / 伴随式信息服务	车路协同信息服务	—	—	—	■

注：■——宜建设内容。

4.2.1 运营治理模块

1. 交通监测模块

城市主次干路交通监测模块设计宜包括交通流信息采集、交通视频监控和交通运行监测等应用场景。各级别智慧道路设计应符合下列规定。

（1）D2级及以上级别应具备交通流的全息感知应用场景，并宜符合下列规定：①D2级宜实现对车辆个体轨迹采集的功能；②D3级及以上级别还应具备对车型、车辆车牌等的识别功能。

（2）D2级及以上级别宜设计对重点车辆全程监测的应用场景。

（3）D4级宜设计对道路异常驾驶行为监测的应用场景。

图4-10为交通感知主要设施。图4-11为交叉口全息路口示意图。

2. 交通管控模块

城市主次干路交通管控模块设计宜包括交通违法事件检测、速度平滑控制、动态潮汐车道、自适应信号控制（点）、干线协调感应控制（线）、区域协调信号控制（面）、特殊车辆信号优先、可变车道和车路协同控制等应用场景。各级别智慧道路设计应符合下列规定。

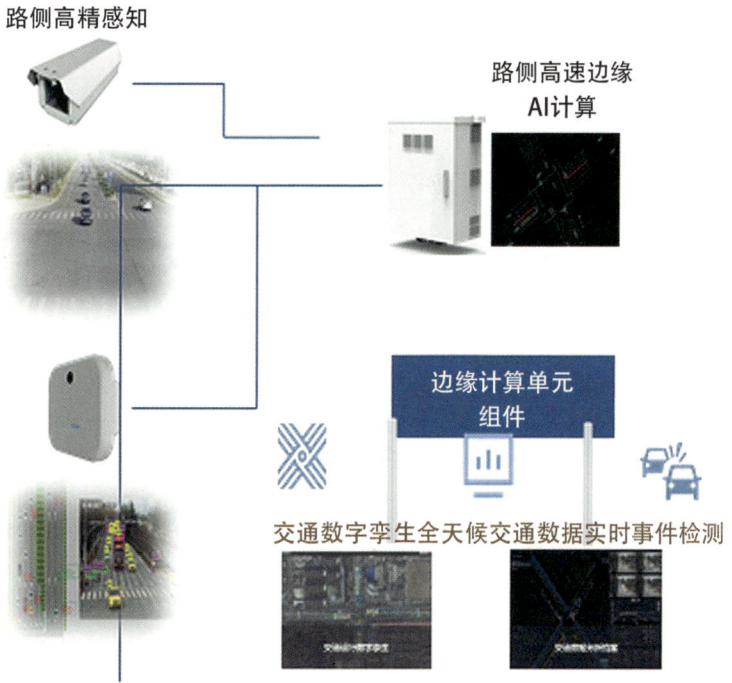

图 4-10 交通感知主要设施

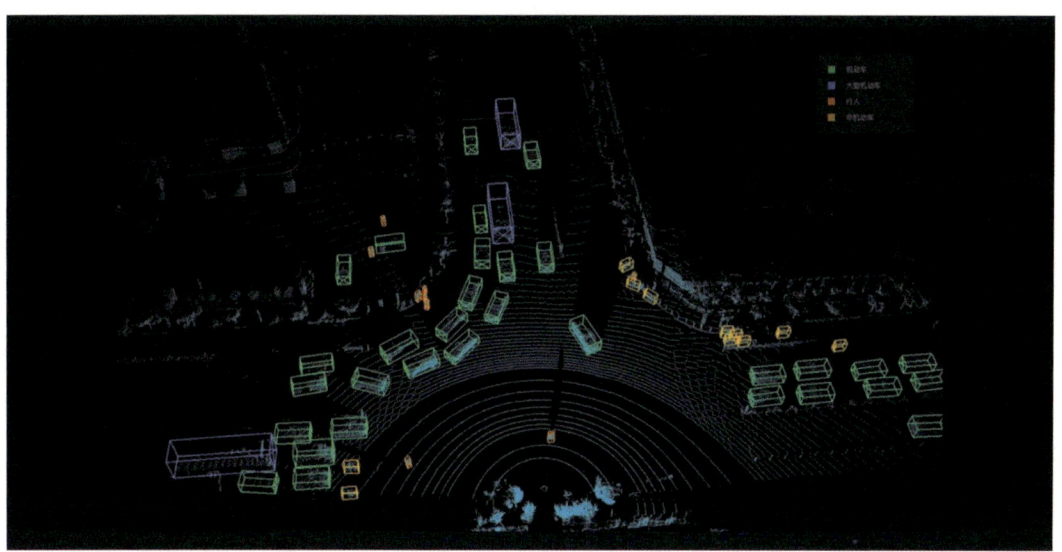

图 4-11 交叉口全息路口示意图

(1) 城市主次干路宜设计交通违法事件检测应用场景,并宜符合下列规定:①宜根据交通管理部门的管理业务需求,在重点路段布设交通摄像头等交通违法事件检测设备;②宜具备违法占用公交车道抓拍、违法停车抓拍、机动车闯禁行抓拍等功能。

(2) D3 级及以上级别宜设计速度平滑控制应用场景，并宜符合下列规定：①限速值宜为 10 km/h 的整数倍；②上下游限速差值不宜大于 20 km/h。

(3) 城市主次干路交通信号控制应用场景宜符合下列规定：①D2 级及以上级别宜实现自适应信号控制，通过对交叉口各相位交通流量信息的监控，计算当前最优的信号配时方案；当前相位拥堵时，宜缩短该相位通行时间，进行交叉口过饱和控制，提高交叉口通行能力。②D3 级及以上级别宜实现干线协调感应控制，通过感知城市主干道上交通流的平均车速，在主干道同一方向实施协调控制，最大程度减少停车次数，增强道路通行能力。③D4 级宜实现区域协调信号控制，并宜通过协同片区交通控制提升整体通行效率。④D3 级及以上级别宜设计可变车道应用场景，宜设置于每日高峰时段存在比较明显的时空分布不均交通流的区域，利用可变车道动态分配运力，更好地匹配全天的交通需求。⑤D3 级及以上级别宜设计特殊车辆信号优先的应用场景，宜设置在高等级的主干路上，通过收集路口交通流量和特殊车辆的请求信息，综合判断是否更改信号配时，降低特殊车辆通行时间的应用场景。

图 4-12 为路口自适应控制系统架构。图 4-13 为主干路绿波控制示意图。

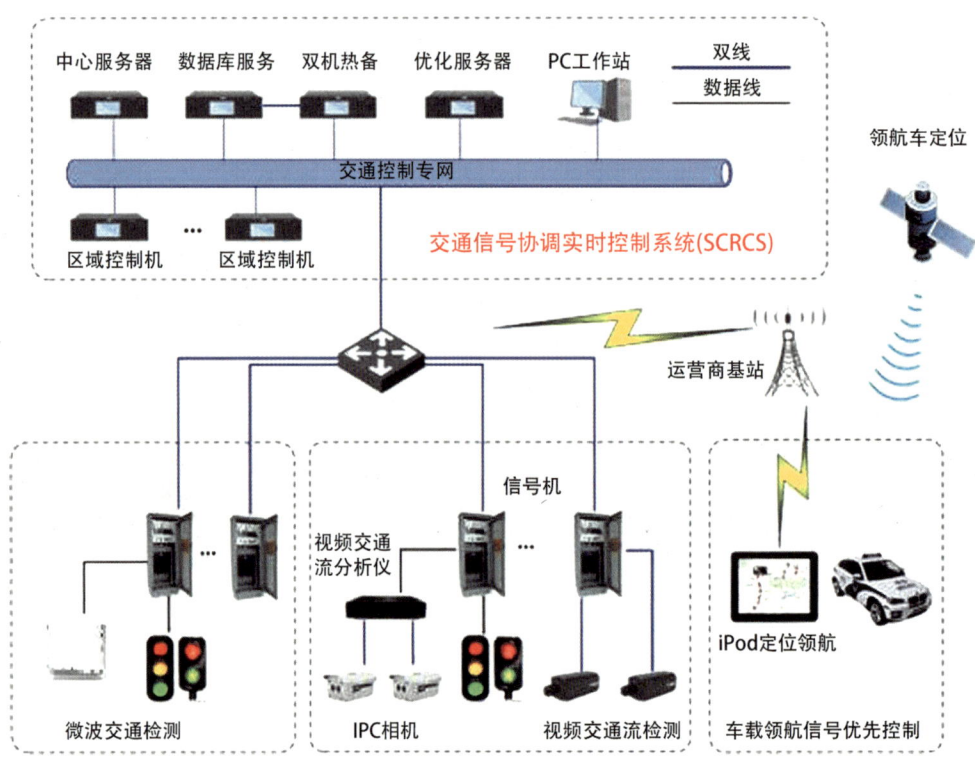

图 4-12　路口自适应控制系统架构

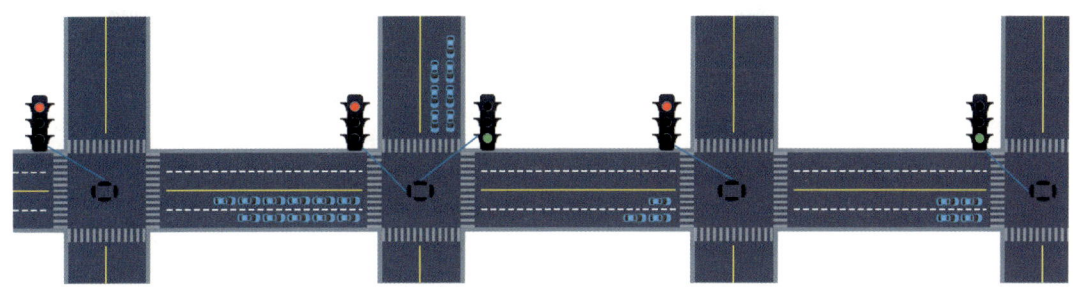

图 4-13　主干路绿波控制示意图

3. 应急管理模块

城市主次干路应急管理模块设计宜包括车辆安全分析、事故信息服务、应急调度指挥等场景。各级别智慧道路设计应符合下列规定。

(1) D2 级及以上级别宜设计车辆安全分析、事故信息服务应用场景，具备事件监测功能，紧急情况的收集、显示、上报功能，以及事件预警管理功能。

(2) D2 级及以上级别宜设计应急调度指挥应用场景，并应符合下列规定：①宜通过实时监控图像信息，利用音频或视频对现场进行远程指挥；②宜具备应急预案管理功能，并根据应急事件自动生成相应的预案策略，根据策略能够快速匹配调动应急人员、车辆和应急物资；③宜具备应急人员、车辆、物资等应急资源动态管理功能，实现应急资源的查询和调动；④宜具备协同联动功能，并实现路段与路网之间的联动，实现与交警、消防等相关方的跨部门、跨平台联动；⑤应具备应急处理事后可恢复、处理过程可评价、事故情况可统计的功能。

4.2.2　养护运维模块

城市主次干路养护运维模块中的设施与环境监测模块设计宜包括结构监测与预警、设施设备监测与预警、能耗采集以及移动智慧巡检等应用场景。各级别智慧道路设计应符合下列规定。

(1) D2 级及以上级别宜设计结构监测与预警应用场景，并应符合下列规定：①结构监测应用场景应根据道路、桥梁及重点附属建（构）筑物本体结构安全风险及周边环境风险分析综合确定监测点位和监测指标；②结构监测数据应能够与运维养护业务功能系统衔接。

(2) D2 级及以上级别宜设计能耗采集应用场景，宜包括电量及其他能源的用量，并具备计量、统计和分析的功能。

(3) D3 级及以上级别宜设计移动智慧巡检应用场景，并宜通过移动巡检车视频识别、点云聚类识别分析等方式，提供多角度、多维度的设施环境检测，覆盖全段道路，为道路养护提供深层保障。

图 4-14 为智慧移动巡检设施。

图 4-14　智慧移动巡检设施

4.2.3　出行服务模块

1. 信息发布模块

城市主次干路信息发布模块设计宜包括实时交通信息发布、气象信息服务、交通事件发布和交通预测信息发布等应用场景。各级别智慧道路设计宜符合下列规定。

（1）D2 级及以上级别宜设计气象信息服务应用场景，宜发布道路沿线及周边气象环境信息。

（2）D2 级及以上级别宜设计交通事件发布应用场景。

（3）D2 级及以上级别宜设计交通预测信息发布应用场景，宜包括行程时间、道路拥挤状态等信息。

2. 伴随式信息服务模块

城市主次干路伴随式信息服务模块设计宜包括特殊路段预警、准全天候通行支持和车路协同信息服务等应用场景。各级别智慧道路设计应符合下列规定。

（1）D3 级及以上级别宜设计特殊路段预警应用场景，宜包括城市主次干路分合流、小半径弯道及长大下坡等路段。

（2）D3 级及以上级别宜设计准全天候通行支持应用场景，并应符合下列规定：①D3

级及以上级别定位精度应能满足对通行引导的导航需求；②D3级及以上级别应能提供交通事故、恶劣天气、道路施工等实时信息。

(3) D4级宜设计车路协同信息服务应用场景。

图4-15为主干路交通诱导设施。

(a) 交叉口节点诱导

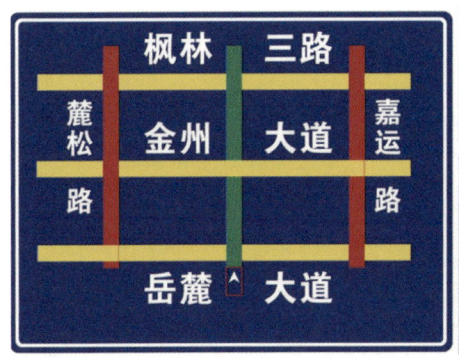

(b) 区域路网诱导

图4-15 主干路交通诱导设施

4.3 支路设计内容与要求

城市支路以服务于短距离地方性活动组织及慢行交通为主，智慧化建设重点围绕提升慢行交通系统的品质和安全等应用场景。电动车行车的危险场景包括驾驶员电动车头盔缺失、非机动车车速过快、违规使用机动车道等行为，在智慧化道路支路设计中可以考虑对这些方面危险场景的治理。

城市支路智慧化建设内容宜结合城市支路交通特征、运营需求和智慧等级等综合确定，并应符合表4-3的规定。

表 4-3 城市支路智慧化应用场景设计内容

设计内容			智慧等级			
模块		应用场景	D1	D2	D3	D4
运营治理	交通监测	交通流信息采集	■	■	■	■
		交通全息感知	—	—	■	■
		交通视频监控 交通态势监控	—	—	■	■
		交通运行监测 道路运行状态监测	—	—	■	■
		异常驾驶行为监测	—	—	—	■
	交通管控	交通违法事件检测	■	■	■	■
		车路协同控制	—	—	—	■
	应急管理	安全管理 车辆安全分析	—	—	■	■
		交通事故处置 事故信息服务	—	—	■	■
		应急调度指挥	—	—	■	■
养护运维	设施与环境监测	结构监测与预警	—	—	■	■
		设施设备监测与预警	—	—	■	■
		能耗采集	—	—	■	■
		移动智慧巡检	—	—	■	■
	生命周期养护管理	设施设备性能评估	—	—	■	■
		养护决策系统	—	—	■	■
出行服务	信息发布	实时交通信息发布	■	■	■	■
		气象信息服务	—	—	■	■
		交通事件发布	—	—	■	■
		交通预测信息发布	—	—	■	■
	伴随式信息服务	准全天候通行支持	—	—	■	■
		车路协同信息服务	—	—	■	■

注：■——宜建设内容。

4.3.1 运营治理模块

1. 交通监测模块

城市支路交通监测模块设计宜包括交通流信息采集、交通视频监控和交通运行监测等应用场景。各级别智慧道路设计应符合下列规定。

（1）D3 级及以上级别宜具备交通流的全息感知应用场景，并应符合下列规定：①D3 级及以上级别宜实现对车辆个体轨迹采集的功能；②D4 级应具备对车型、车辆车牌等的识别功能。

（2）D4 级宜设计对道路异常驾驶行为监测的应用场景。

2. 交通管控模块

城市支路交通管控模块设计宜包括交通违法事件检测、车路协同控制等应用场景。各级别智慧道路设计宜符合下列规定。

(1) 宜根据交通管理部门的管理业务需求，在重点路段布设交通摄像头等交通违法事件检测设备。

(2) 宜具备非机动车违规事件监测功能，宜通过路侧传感器识别电动车行车的危险场景，并实现违规行为抓拍。

3. 应急管理模块

城市支路应急管理模块设计宜包括车辆安全分析、事故信息服务、应急调度指挥等应用场景。各级别智慧道路设计应符合下列规定。

(1) D3级及以上级别宜设计车辆安全分析、事故信息服务应用场景；宜具备事件监测功能，紧急情况的收集、显示、上报功能，以及事件预警管理功能。

(2) D3级及以上级别宜设计应急调度指挥应用场景，并应符合下列规定：①宜通过实时监控图像信息，并利用音频或视频对现场进行远程指挥；②宜具备应急预案管理，并根据应急事件自动生成相应的预案策略，根据策略能够快速匹配调动应急人员、车辆和应急物资；③宜具备应急人员、车辆、物资等应急资源动态管理功能，实现应急资源的查询和调动；④宜具备协同联动功能，并实现路段与路网之间的联动，实现与交警、消防等相关方的跨部门、跨平台联动；⑤应具备应急处理事后可恢复、处理过程可评价、事故情况可统计功能。

4.3.2 养护运维模块

城市支路养护运维模块中的设施与环境监测模块设计宜包括结构监测与预警、设施设备监测与预警、能耗采集和移动智慧巡检等应用场景。各级别智慧道路设计应符合下列规定。

(1) D3级及以上级别宜设计结构监测与预警应用场景，并应符合下列规定：①结构监测应根据道路、桥梁及重点附属建（构）筑物本体结构安全风险及周边环境风险分析综合确定监测点位和监测指标；②结构监测数据应能够与运维养护业务功能系统衔接。

(2) D3级及以上级别宜设计能耗采集应用场景，包括电量及其他能源的用量，并宜具备计量、统计和分析的功能。

(3) D4级宜设计移动智慧巡检应用场景，并通过移动巡检车视频识别、点云聚类识别分析等方式，提供多角度、多维度的设施环境检测，覆盖全段道路，为道路养护提供深层保障。

4.3.3 出行服务模块

1. 信息发布模块

城市支路信息发布模块设计宜包括实时交通信息发布、气象信息服务、交通事件发布和交通预测信息发布等应用场景，各级别智慧道路设计宜符合下列规定。

（1）城市支路宜设计实时交通信息发布应用场景，并宜发布停车诱导信息、慢行诱导信息、交通实时信息等内容。

（2）D3级及以上宜设计气象信息服务应用场景，并宜发布道路沿线及周边气象环境信息。

（3）D3级及以上宜设计交通事件发布应用场景。

（4）D3级及以上宜设计交通预测信息发布应用场景，宜包括行程时间、道路拥挤状态等信息。

2. 伴随式信息服务模块

城市支路伴随式信息服务模块设计宜包括准全天候通行支持和车路协同信息服务等应用场景。各级别智慧道路设计应符合下列规定。

（1）D3级及以上级别宜设计准全天候通行支持应用场景，并应符合下列规定：①D3级及以上级别定位精度应能满足对通行引导的导航需求；②D3级及以上级别应能提供交通事故、恶劣天气、道路施工等实时信息。

（2）D3级及以上级别宜设计车路协同信息服务应用场景。

图4-16为城市支路主要智慧应用场景示意图。

图4-16 城市支路主要智慧应用场景示意图

4.4 地下道路设计内容与要求

城市地下道路呈现出愈加长大化与网络化的特点,这对地下道路的交通运营管理提出了新的要求,需要场景覆盖更加全面与精细化的交通管控措施,以及更加有效的交通引导与信息发布手段来提升地下道路的通行效率。此外,近年来各地地下道路频繁发生的水淹、火灾事故,造成了严重的人员伤亡与财产损失,这也要求地下道路的灾害感知能力与快速管控能力必须进一步提升。因此,在现有城市地下道路机电系统基础上,对能够有效提升地下道路运行安全以及防灾、抗灾能力等模块与场景要素进行了梳理,从而依据地下道路特征、运营需求和智慧等级等,对地下道路运营阶段的智慧化建设内容进行综合确定。

城市地下道路智慧化应用场景设计宜结合地下道路特征、运营需求和智慧等级等综合确定,并应符合表 4-4 的规定。

表 4-4 地下道路智慧化应用场景设计内容

模块	设计内容		智慧分级			
			D1	D2	D3	D4
运营管理	交通监测	交通流信息采集				
		交通流基础信息	■	■	■	■
		交通全息感知	—	■	■	■
	交通视频监控	交通态势监控	—	■	■	■
		交叉口交通监控	■	■	■	■
	交通运行监测	道路运行状态监测	■	■	■	■
		重点车辆全程监测	—	—	■	■
		异常驾驶行为监测	—	—	—	■
	交通管控	超高超限车辆管控	■	■	■	■
		出入口管控	隧道洞口控制	—	■	■	■
			匝道控制	—	■	■	■
			出口匝道与地面交叉口联动	—	—	■	■
		主线车道控制	车道控制	■	■	■	■
			速度平滑控制	—	—	■	■
			车路协同控制	—	—	—	■

(续表)

设计内容			智慧分级			
模块		应用场景	D1	D2	D3	D4
运营管理	应急管理	应急预案	—	■	■	■
		智慧防灾 — 火灾智慧防控	■	■	■	■
		智慧防灾 — 积水内涝智慧防控	—	■	■	■
		智慧防灾 — 灾害预警及态势推演	—	—	■	■
		智慧防灾 — 动态疏散救援	—	—	—	■
养护运维	设施与环境监测	设施设备监测	■	■	■	■
		结构监测	—	■	■	■
		能耗采集	—	■	■	■
		移动智慧巡检	—	—	■	■
	生命周期养护管理	设施设备性能评估	—	—	■	■
		养护决策系统	—	—	—	■
出行服务	信息发布	实时交通信息发布	■	■	■	■
		气象环境信息服务	—	■	■	■
		交通事件发布	—	■	■	■
		交通预测信息发布	—	—	■	■
	伴随式信息服务	特殊路段预警	—	■	■	■
		地下定位与导航	—	—	■	■
		车路协同信息服务	—	—	—	■

注：■——宜建设内容。

4.4.1 运营管理模块

1. 交通监测模块

城市地下道路交通监测模块设计宜包括交通流信息采集、交通视频监控和交通运行监测等应用场景。各级别智慧道路设计应符合下列规定。

（1）D2 级及以上级别宜具备交通流的全息感知应用场景，并应符合下列规定：①D2 级宜实现对车辆个体轨迹采集的功能；②D3 级及以上级别宜具备对车型、车辆车牌等的识别功能。

（2）D3 级及以上级别宜设计对重点车辆全程监测的应用场景。

（3）D4 级宜设计对异常驾驶行为监测的应用场景。

当前地下道路内交通信息采集以断面型交通运行参数为主，难以支撑交通运行态势风险研判、预测、精细化交通管控需求。对于 D2 级及以上级别的地下道路，建议增加车辆个体轨迹信息采集应用场景，同时结合软件算法实现交通运行状态研判。图 4-17 为地下道路雷达视频联合监测系统。

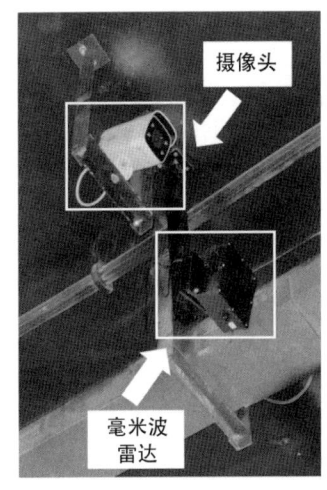 

(a) 安装示意图　　　　　　　　　　(b) 检测示意图

图 4-17　地下道路雷达视频联合监测系统

2. 交通管控模块

城市地下道路交通管控模块设计宜包括隧道洞口控制、匝道控制、出口匝道与地面交叉口联动、车道控制、速度平滑控制、超高超限车辆管控和车路协同控制等应用场景。各级别智慧道路设计应符合下列规定。

(1) D2 级及以上级别宜设计隧道洞口控制应用场景，并宜符合下列规定：①洞口控制系统宜包括闸机、车道信号灯、交通感知设施、信息发布设施、声光警示设备等，宜具备与火灾报警、积水监测、交通事件监测等系统联动的功能，控制车辆进入；②D2 级洞口控制宜设置调节控制预案，并可根据现场情况，人工确认执行管控；③D3 级及以上级别洞口控制宜具备实现自主决策自动管控的功能。

现行行业标准《城市地下道路工程设计规范》（CJJ 221—2015）中，对地下道路运营阶段的匝道及洞口管控措施未作规定，当严重交通拥堵、水淹、火灾事故发生时，仅仅依靠可变情报板、车道指示器、信号灯等难以通过自动化的手段对进入地下道路的交通流作有效调节和管制。因此，对于 D2 级及以上级别的地下道路，将隧道洞口控制系统列为宜配置项。

(2) D2 级及以上级别宜设计入口匝道控制应用场景，并宜符合下列规定：①入口匝道控制宜包括入口引导可变信息标志、信号灯、控制系统等，宜具备实现控制进入主线的匝道交通流量、调节改善主线交通状态的功能；②D2 级入口匝道控制可采用定时开关控制模式；③D3 级及以上级别入口匝道控制宜根据交通流实时状态实现自适应控制模式。

(3) D3 级及以上级别宜设计出口匝道与地面交叉口联动应用场景，并宜符合下列规定：①D3 级出口匝道与地面交叉口控制宜具备与衔接交叉口的固定模式控制功能；②D4 级出口匝道与地面交叉口宜具备自适应控制功能及与周边相邻交叉口的联动协同功能。

图 4-18 为地下道路入口智能控制主要设施布置示意图。图 4-19 为积水监测及联动管控示意图。

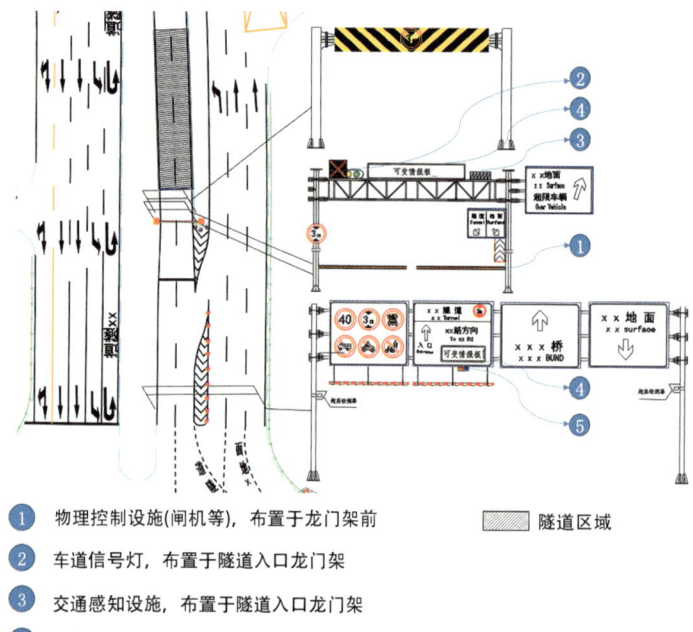

① 物理控制设施(闸机等)，布置于龙门架前
② 车道信号灯，布置于隧道入口龙门架
③ 交通感知设施，布置于隧道入口龙门架
④ 信息发布设施、可变情报板广播等，布置于地面分流出口前
⑤ 声光警示设备，布置于地面分流出口前

图 4-18 地下道路入口智能控制主要设施布置示意图

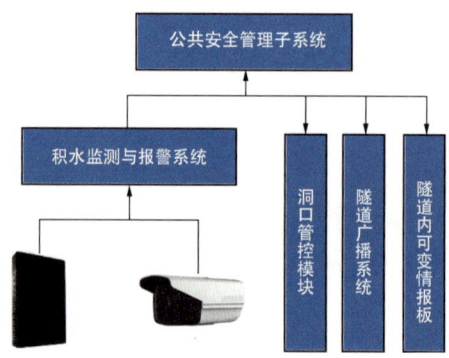

图 4-19 积水监测及联动管控示意图

(4) 城市地下道路宜设计主线车道控制应用场景，并应符合下列规定：①主线车道控制宜与地下道路的事件监测、火灾报警等系统进行联动；②D2级及以上级别的主线车道控制功能应能够根据事件发生的桩号位置，实现分路段的精细化分区管控，分区宜包括正常段、事故段、分流段和缓冲段等。

正常段是指事故段、分流段、缓冲段以外的其他路段，显示正常通行或正常限速标志。

事故段是指车辆事故点及其后紧邻的影响路段，结合停车视距及车道指示器位置确定。自事故点向行车方向上游不小于1倍停车视距的范围视为事故段，事故段最小长度等于停车视距长度；事故段沿行车方向应至少覆盖事故点至上游第一个车道控制单元，当距离上游第一个车道控制单元距离不足1倍停车视距时，事故段范围应结合车道控制单元位置向后延伸，直至满足事故段最小长度要求；事故段横向覆盖所有受直接影响的车道。

分流段是指事故段与正常通行段之间的路段，用于引导车辆并道行驶或驶出主路。按最不利车道车辆以设计速度行驶，且以3 s变换一个车道的速率变换至正常车道所需的长度来计算分流段最小长度。分流段沿行车方向应至少覆盖事故段末端至上游第一个车道控制单元，当事故段末端与上游第一个车道控制单元的距离不满足分流段最小长度时，应结合车道控制单元的位置向后延伸，直至满足分流段最小长度要求，即

$$S_2 = \frac{V}{3.6} \times 3 \times n \; (\mathrm{m}) \tag{4-1}$$

式中　n——自最不利车道变换至缓冲段或出口匝道所需跨越的最小车道数量；
　　　V——设计速度（km/h）。

缓冲段是指速度协调，纵向覆盖事故段至分流段，横向覆盖除事故影响范围外的所有车道。

图4-20为外侧单车道发生交通事故时的各路段的通行方案图。图4-21为外侧多车道发生交通事故时的各路段的通行方案图。

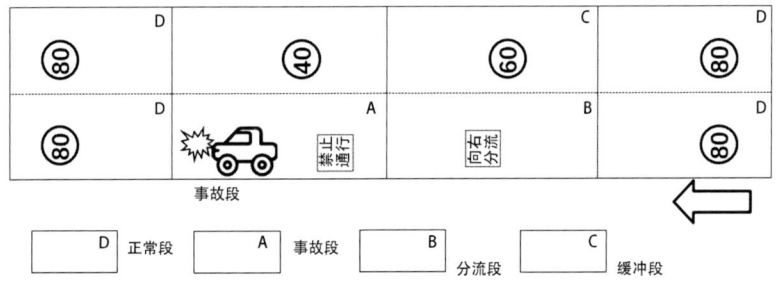

图4-20　外侧单车道发生交通事故时的各路段的通行方案图

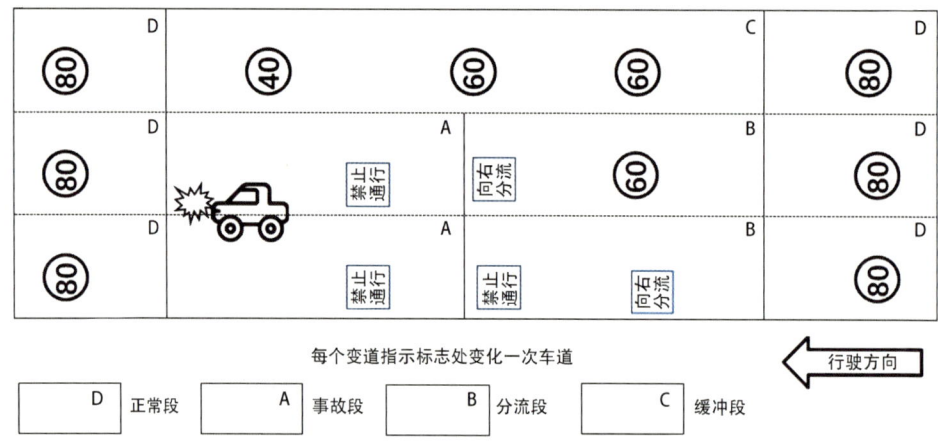

图 4-21　外侧多车道发生交通事故时的各路段的通行方案图

（5）D3 级及以上级别宜设计速度平滑控制应用场景，并应符合下列规定：①限速值宜为 10 km/h 的整数倍；②上下游相邻路段限速应逐级降低，差值不宜大于 20 km/h。

3. 应急管理模块

城市地下道路应急管理模块设计宜包括应急预案、智慧防灾等应用场景。各级别智慧道路设计应符合下列规定。

（1）D2 级及以上级别宜设计应急预案应用场景，并应符合下列规定：①D2 级应急预案可采用预先设定模式，并应与管控设施联动，经人工确认后，具备自动化启动的功能；②D3 级及以上级别应急预案宜具备智能化决策模式，可根据现场实时情况，自动化生成预案，具备自主决策控制功能。

（2）D2 级及以上级别宜设计积水内涝智慧防控应用场景。

（3）D3 级及以上级别宜设计灾害预警及态势推演应用场景。

（4）D4 级宜设计动态疏散救援应用场景，并宜符合下列规定：①宜实时监测并显示被困人员、消防人员的数量和位置信息；②宜动态调整隧道应急疏散预案，预测逃生路径及救援路径，动态调整频率不宜低于 1 次/5 s。

当地下道路内发生火灾时，存在地下道路内摄像头被烟雾遮挡，管理、救援人员无法获知隧道内实时状态，无法可靠指导火灾扑救及人员救援疏散的难题。此外，传统固定的救援疏散预案往往无法很好地适应火灾的动态发展、地下道路环境的动态变化以及被困人员的实时情况。因此对 D2 级及以上级别的地下道路，将火灾态势研判和推演、联动预案作为建议配置，用来为隧道管理方及消防救援部门提供火灾后隧道内的关键信息和隧道内实时状态（如火源点位置、火灾规模、温度场分布、烟气扩散范围和移动速度等)。

对于 D3 级及以上级别的地下道路,宜进一步考虑水灾的仿真推演工作。对于 D4 级地下道路将动态疏散救援预案作为建议配置,要求隧道具备火灾发生后烟雾弥补条件下的被困人员被动位置监测及救援人员主动位置监测的能力,同时结合火灾场景仿真重构,如图 4-22 所示,动态计算、调整逃生及救援方案,通过广播、具备动态指示功能的疏散救援标志、救援人员终端传达给被困人员及救援人员。

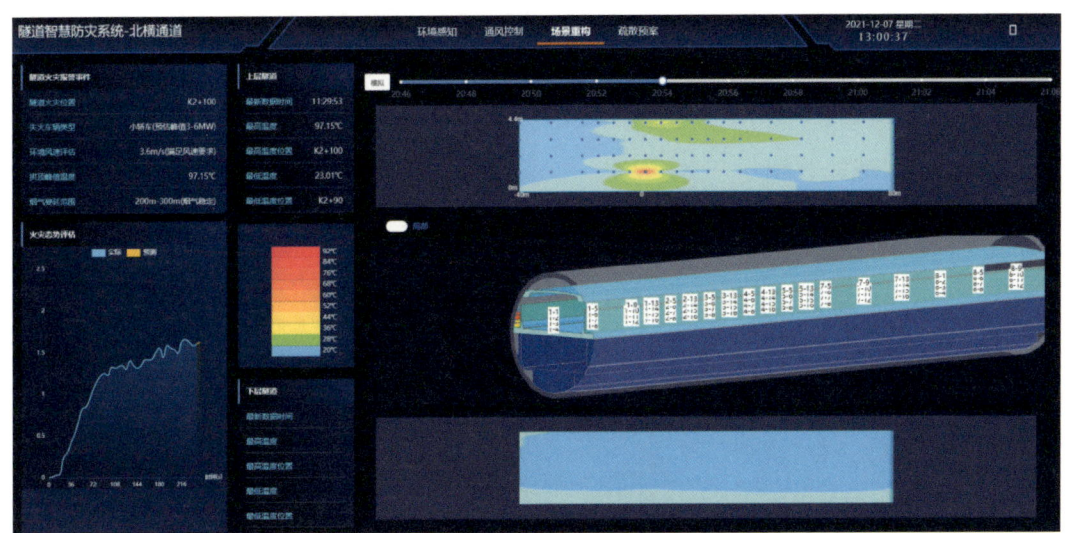

图 4-22　智慧防灾系统火灾场景实时重构

4.4.2　养护运维模块

1. 设施与环境监测模块

城市地下道路设施与环境监测模块设计宜包括结构监测、设施设备监测、能耗采集和移动智慧巡检等应用场景。各级别智慧道路设计应符合下列规定。

(1) D1 级及以上级别宜设计设施设备监测应用场景,并宜具备对风机、水泵房等设施的预防性监测功能,实现提前预警。

(2) D2 级及以上级别宜设计结构监测应用场景,并应符合下列规定:①结构监测应根据周边环境风险及结构本体安全风险分析综合确定监测点位和监测指标;②结构监测数据应与运维养护业务功能系统衔接。

(3) D2 级及以上级别宜设计能耗采集应用场景,宜包括电量、管理中心的用水量、燃气量、集中供热/供冷量及其他能源的用量,并宜具备计量、统计和分析的功能。

(4) D3 级及以上级别宜设计移动智慧巡检应用场景。

2. 生命周期养护管理模块

城市地下道路生命周期养护管理模块设计宜包括设施设备性能评估、养护决策系统等应用场景。各级别智慧道路设计宜符合下列规定。

（1）D3 级及以上级别宜设计设施设备性能评估应用场景，并宜符合下列规定：①D3 级设施设备性能评估应用场景宜具备对结构、设施设备等当前运行性能的状态评定功能；②D4 级设施设备性能评估应用场景宜具备对结构、设施设备等远期性能的预测功能。

（2）D4 级宜设计养护决策系统应用场景。

地下道路机电设施设备种类多、数量大，结构复杂。针对设施设备结构病害等的巡检养护工作量大。D2 级及以上级别地下道路建议具备智慧运维管理功能，以缩短病害的发现时间、提升养护效率和信息化水平。图 4-23 为移动端养护运维系统。

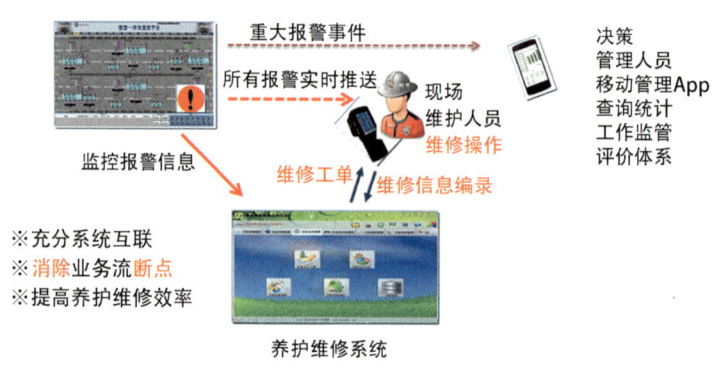

图 4-23　移动端养护运维系统

针对当前地下道路能耗使用、计量粗放问题，建议增加精细化能耗采集手段和智慧化管理应用，精确掌握隧道耗能情况，支撑隧道领域的节能减排工作。

4.4.3　出行服务模块

1. 信息发布模块

城市地下道路信息发布模块设计宜包括实时交通信息发布、气象环境信息服务、交通事件发布和交通预测信息发布等应用场景。各级别智慧道路设计应符合下列规定。

（1）D2 级及以上级别宜设计气象环境信息服务应用场景，宜发布地下道路内部污染物等空间环境信息。

（2）D2 级及以上级别宜设计交通事件发布应用场景，应具备实现地上和地下信息联动一体化及信息连续性的功能。

（3）D2 级及以上级别宜设计交通预测信息发布应用场景，宜包括行程时间、道路拥挤状态等。

地下道路内部环境单调、缺乏参照物，驾驶员对出入口的识别主要依赖交通标识系统。由于空间不足、侧墙遮挡以及光线不足等，当前地下交通标志尺寸与版面布置受限，难以获得高效、清晰的指路效果。此外，地下道路环境内 GNSS 信号缺失，难以实现定位，导致驾驶员无法在地下环境中获得准确的定位导航信息。

上述问题与当前地下道路多点进出、系统性、长大化、网络化的特点相互叠加，使得地下交通组织形态日益复杂化，给驾驶员寻路带来了较大挑战。因此，地下道路信息发布和服务应保持地上地下道路的信息服务的连续性，并将地下道路位置服务列为 D3 级及以上级别道路的应建设配置。

2. 伴随式信息服务模块

城市地下道路伴随式信息服务模块设计宜包括特殊路段预警、地下定位与导航以及车路协同信息服务等应用场景。各级别智慧道路设计应符合下列规定。

(1) D2 级及以上级别宜设计特殊路段预警应用场景，宜包括洞口、分合流、小半径弯道及长大下坡等路段。

(2) D3 级及以上级别宜设计地下定位与导航应用场景，并应符合下列规定：①D3 级定位精度应能满足对出口引导的导航需求；②D4 级定位精度应能满足对车道级导航的功能需求。

(3) D4 级宜设计车路协同信息服务应用场景。

图 4-24 为地下位置服务总体方案。

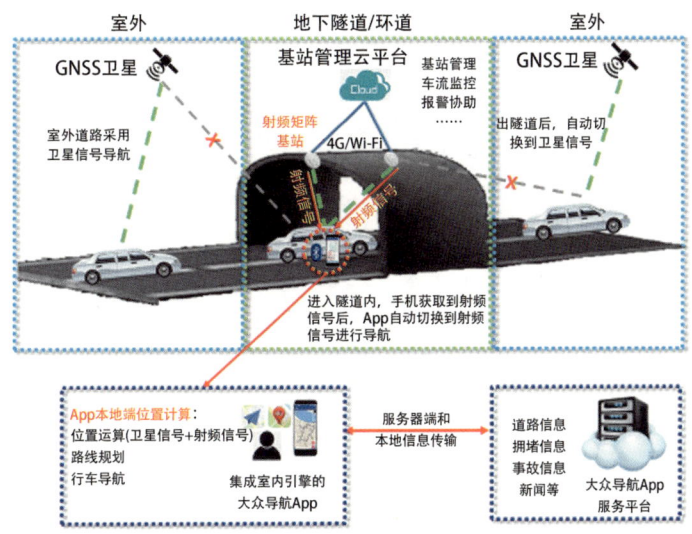

图 4-24 地下位置服务总体方案

第 5 章 城市智慧道路应用案例

5.1 快速路高架高地联动控制应用

5.1.1 项目概况

在"十四五"期间,随着青岛城市更新、城市建设工作的推进,以及低效片区的开发建设,重庆路未来的交通压力将持续增大。因此,亟须按照规划中的城市快速路标准尽快完成建设工作,从而完善青岛主城区"六横九纵"的高快速路网体系,实现快速路"成环成网"运行。重庆路规划高架主线双向 6 车道,地面辅路双向 8 车道。全线规划设置 7 处立交节点,具体包括雁山立交、福州路立交、长沙路立交、跨海大桥高架路立交(已建成)、金水路立交、唐山路立交、仙山路立交,同步设置 9 对上下桥匝道服务沿线到发交通。项目区域概况如图 5-1 所示。

图 5-1 项目区域概况

5.1.2 问题与需求

快速路拥堵问题的主要矛盾在于进出快速路的城市交通占比大，快速路出入口存在局部交通瓶颈；在流量高峰期，高架与主线进出交通流交织频繁，通行效率降低；快速路出入口匝道与衔接交叉口的协同控制不足，大多衔接交叉口车流仍按照无协同控制的信号配时通行，高峰时匝道排队迅速溢出。

通过对城市快速路运行状况以及关键节点拥堵情况的调研发现，由于道路交通组织设计、交叉口渠化设计、交通信号控制等方面不够科学化和精细化，通行效率不高，以及出口匝道与地面道路交叉口的间距较短等原因，导致车流难以快速疏解，形成主线与匝道拥堵，从而造成交叉口延误增加。解决城市快速路"高架上不去，地面下不来"的拥堵问题，需要采取"高地联动"措施，使高架快速路与地面道路实现协同控制；应用于出入口匝道及其连接的高架主线、地面道路范围，实施匝道出入口信号、地面关联交叉口信号、交通诱导、可变车道等措施联动控制，实现快速疏解拥堵车流，提升道路通行能力。

5.1.3 总体方案设计

1. 设计原则

1）需求导向

调研快速路匝道结构特点和车流方向，梳理影响出口匝道拥堵的主要因素，包括接地断面车道数、接地点与关联交叉口距离、地面衔接交叉口渠化设计、2045年流量预测等。围绕关键影响因素，基于每对匝道的预计拥堵情况和改善需求，提出针对性的解决方案与管控策略。

2）分级分期

(1) 方案分级：根据点位交通需求设计分级智慧管控方案，并预留未来设备增设空间。以匝道信号控制为例，智慧化等级由低到高，包括固定开启的交替放行方案、自适应开启的交替放行方案、自适应开启的协同控制方案等。其中，交替放行方案需要在下匝道接地点设信号灯，对下匝道车流与地面车流进行控制；协同控制方案则是在交替放行方案的基础上对下匝道接地点信号灯与衔接交叉口信号灯进行协同信号配时，以更快地疏解车流。

(2) 实施分期：设计分阶段的近、远期管控方案，分别测算工程量和预算；同时，在匝道开通后持续追踪交通运行状况，优化管控方案。

3）互联互通

（1）信息互通：通过智慧化感知手段，获取实时的主线、匝道、地面交通状态，实现多感知器和控制器的信息互通，实现多管控方案的协作开启与关闭。

（2）系统互联：实现与匝道管控系统、交警既有控制平台等互联互通，打造一体化数据中心一站式管控平台。

2. 出口匝道概况

重庆路快速路出入口匝道近期管控方案以出口匝道为主要研究对象，解决出口匝道车流过大、排队过长所导致的"下不去"难题。

重庆路快速路全线共设置 9 对匝道，如图 5-2 和图 5-3 所示。

图 5-2　重庆路快速路南段匝道

图 5-3　重庆路快速路中段匝道

2015—2021 年，重庆路作为南北交通骨架，其交通流规模及增速明显高于平均水平。在南北交通的分担方面，重庆路、环湾大道、黑龙江路、青银高速共同承担了 80% 以上的交通量，其中重庆路占比达 19%。唐山路核查线的交通量达到了 510 000 pcu/d，年均增长率为 7.9%，李村河-张村河核查线约为 540 000 pcu/d，年均增长率为 6%。重庆路交通量从 2015 年的 56 000 pcu/d 增加到现在的 93 000 pcu/d，年均增长率约为 9.6%。目前，重庆路及周边路网的交通量较大，道路断面交通量较为集中，区域现状交通不容乐观。重庆路高峰时段单向交通量约为 4 890 pcu/h，饱和度在 0.89 左右；跨海大桥以南的蚌埠路、长沙路、开平路等交叉口的交通压力较大；跨海大桥以北的京口路-振华路、金水路等交叉口的交通拥堵严重。

3. 总体设计方案

建设方案主要分为三个模块：交通感知、智能决策和管控实施。

（1）交通感知模块由前端感知设备与设备边缘计算组成。其中，前端感知设备包括视频检测器、多目标雷达等，其采集到的数据通过边缘计算提取出实时交通状态参数，如流量、密度、速度、占有率、车头时距和排队长度等，并将这些交通状态参数作为下一阶段的输入数据。

（2）智能决策模块由数据离线分析和实时算法决策组成。其中，数据离线分析可以进行拥堵时空判别、成因归纳分析，且所分析的数据能够支撑方案仿真比选；实时算法决策能够根据预设方案，或基于采集数据的输入，采用自适应或协同算法来实现匝道及交叉口的信号动态配时调整，以及可变车道的转换。该阶段为下一阶段提供智能支持。

（3）管控实施模块包含交通控制和信息发布途径。其中，交通控制是对于每处匝道，结合各影响因素，针对性地采取信号控制或渠化调整方案两大策略；信息发布则是通过设置配套交通标志对用户进行宣传引导。该阶段为交通感知模块提供效果反馈。

高架主线与匝道均布设感知设备，实现交通状态参数的检测与提取，为信号配时设计提供数据支撑。信号控制策略可在下匝道设置信号灯，实现下匝道交通与地面交通交替放行，同时下匝道临近的地面交叉口信号灯进行动态绿波调节，将高架流量迅速疏解至地面。渠化调整方案以设置可变车道为主，当匝道接地点至关联交叉口之间的路段车流量大且交织严重时，开启可变车道并进行信息诱导，尽快疏解车流。

总体设计方案实施目标可分为近期目标与远期目标。

近期目标为改善典型下匝道的交通问题，即解决高架"下不来"的问题，使用户在下高架时能够迅速到达地面，而不会拥堵在出口匝道上；同时均衡高架与地面的交通流，使之达到速度相对均衡稳定的行驶状态。

远期目标是通过互联互通，实现路网动态自适应管控，使得高架流量能够迅速疏解，同时地面交叉口信号灯能够实现动态绿波调节。

5.1.4 长沙路匝道控制方案详细设计

1. 基本概况

重庆路-长沙路交叉口现状如图 5-4 所示。长沙路规划红线宽 40 m，双向 8 车道，如图 5-5 所示。现状重庆路与长沙路交叉口为十字形信号控制交叉口，交叉口周边为立交预留用地。

重庆路及周边路网交通量较大，道路断面交通量较为集中，采用"四阶段预测"法进行远景交通量预测，重庆路-长沙路节点 2045 年交通量预测如图 5-6 所示。长沙路匝道单向预测交通流量为 1 200～1 400 pcu/高峰小时。根据交通量预测结果，将长沙路匝道设计为双车道匝道。

图 5-4　重庆路-长沙路交叉口现状

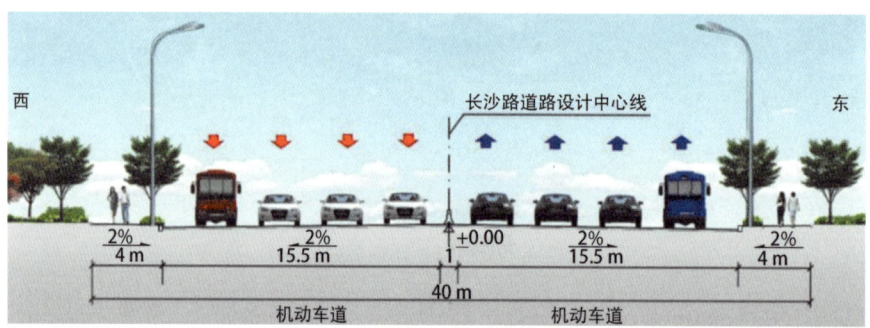

图 5-5　长沙路规划断面图

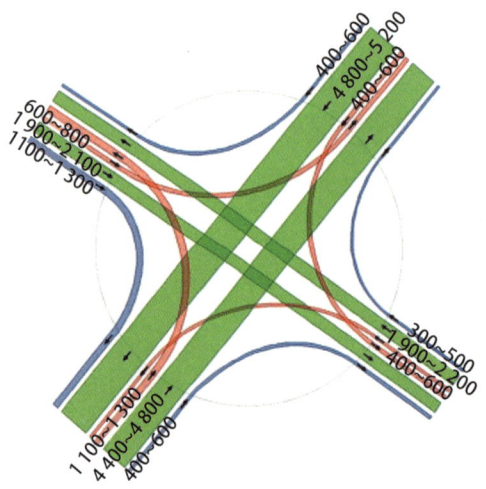

图 5-6　重庆路-长沙路交通量预测图（单位：pcu/高峰小时）

2. 管控方案

1) 信号控制策略

针对长沙路出口匝道接地点与关联交叉口的距离过近（图 5-7），出口匝道与地面交通流大、车辆交织现象严重（图 5-8），进而造成拥堵，致使出口处通行能力下降的情况，采取"信号控制"策略：①出口匝道与地面车流交替放行（图 5-9）；②信号灯与关联交叉口/主线信号协同控制。

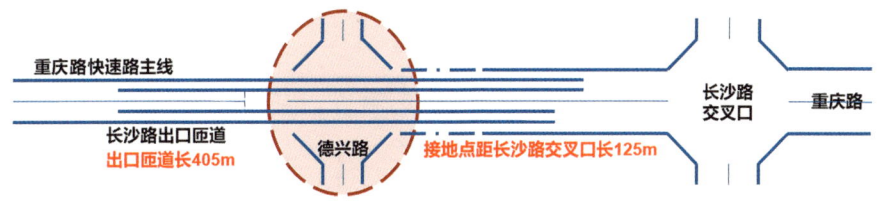

图 5-7 长沙路出口匝道概况

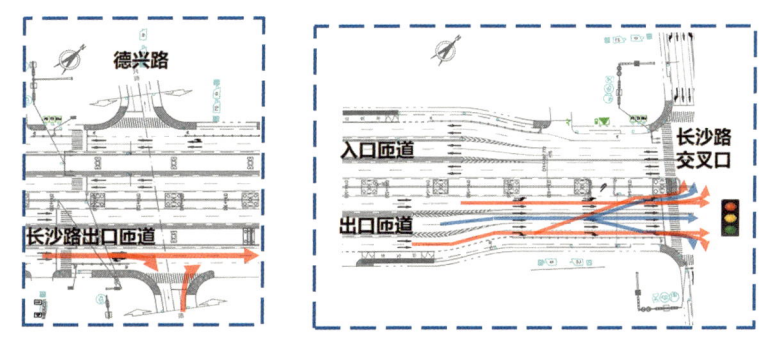

图 5-8 长沙路出口匝道节点车流交织情况

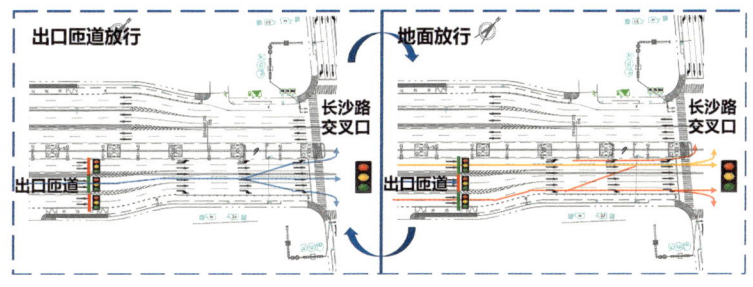

图 5-9 信号控制策略——交替放行

信号控制策略中的协同控制，需要通过匝道与主线信息检测设备（图 5-10），判断匝道是否出现排队现象，以及排队长度、拥堵状况是否蔓延至主线。无拥堵，不采取管控；若检测到匝道排队拥堵，则开启出口匝道信号控制，使得出口匝道与地面交通交替放行，并根据匝道排队长度调整绿信比；若拥堵蔓延至主线，则执行长沙路交叉口与出口匝道信号灯协同控制（主线排队时，出口匝道与交叉口信号灯协同调整配时方案）。信号协同控制策略流程图如图 5-11 所示。

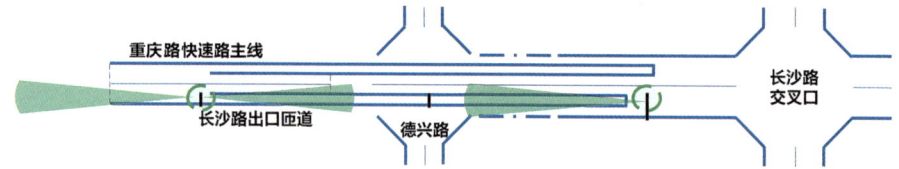

图 5-10　长沙路出口匝道雷达检测器布置示意图

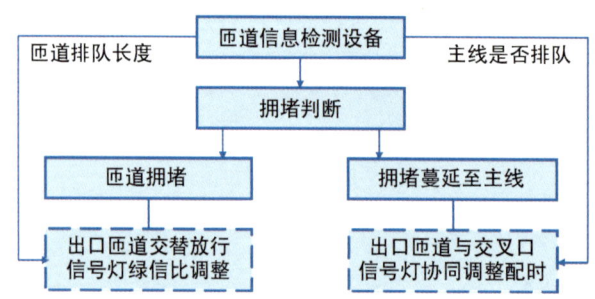

图 5-11　信号协同控制策略流程图

2）渠化调整策略

针对地面衔接交叉口渠化设计方案不合理，渠化车道与车流方向、各个转向流量占比不匹配，导致部分车道排队过长，干扰其他车道的情况，采取"渠化调整"策略：①采用左转外置车道；②采用可变车道。

采用左转外置车道策略适用于出口匝道车流左转需求量长期较大、与地面直行车流交织，以及交叉口入口道车道数较多的场景，如图 5-12 所示。

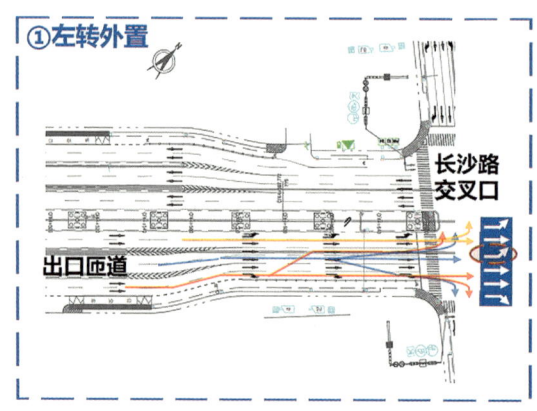

图 5-12　左转外置车道适用场景

渠化调整前，内侧第 1 条车道为左转车道；渠化调整后，内侧第 1 条车道、第 3 条车道均为左转车道（第 3 条车道对应出口匝道内侧车道以减少交织）。

采用可变车道策略适用于出口匝道车流左转需求量波动性大、需求量大时交织严重的场景，如图 5-13 所示。

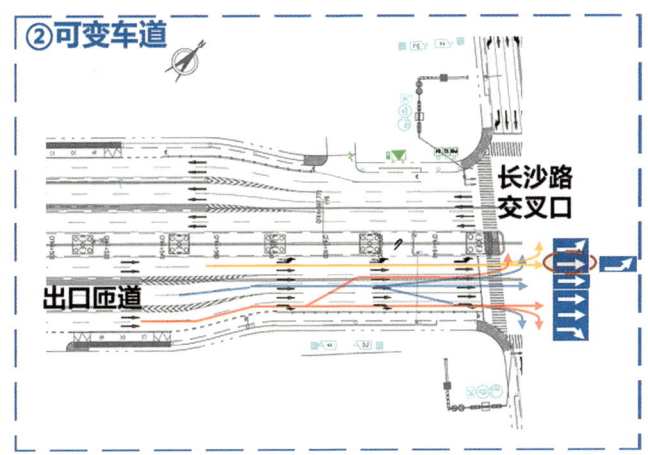

图 5-13　可变车道适用场景

渠化调整前，内侧第 1 条车道为左转车道；渠化调整后，内侧第 1 条车道为左转车道，内侧第 2 条车道为可变车道（直行/左转）。

3. 管控设备部署及系统平台

原机电系统布设方案：在快速路出口匝道分流鼻端设置视频监控系统及反向卡口，地面段全线设置视频监控系统。

视频监控系统主要设置于高架主线分合流位置及路段、地面交叉口区域。视频监控摄像机主要负责交叉口、沿线路段视频信息的 24 h 不间断全天候采集，并且实时转换为数字信号进行传回。高架主线匝道分流点设置高清卡口，地面进口道设置反向卡口。

长沙路出口匝道管控方案新增以下智能设备：共设置 3 个多目标雷达检测器（高架与匝道分流鼻端设置 2 个、匝道接地端设置 1 个）、1 组下匝道信控灯、1 组交通诱导系统（可变情报板）以及 1 套高地联动系统。

多功能广域雷达微波检测器采用广域雷达跟踪技术，可跟踪 128 个目标，能检测 4~8 车道、200 m 远；检测内容包括预设断面的流量、占有率和车速。主要检测排队是否达到以下关键点位：匝道下半段距地 150 m 处、匝道上半段距主线分流区 100 m 处、主线上游距分流区 150 m 处。外场设备部署示意如图 5-14 所示。

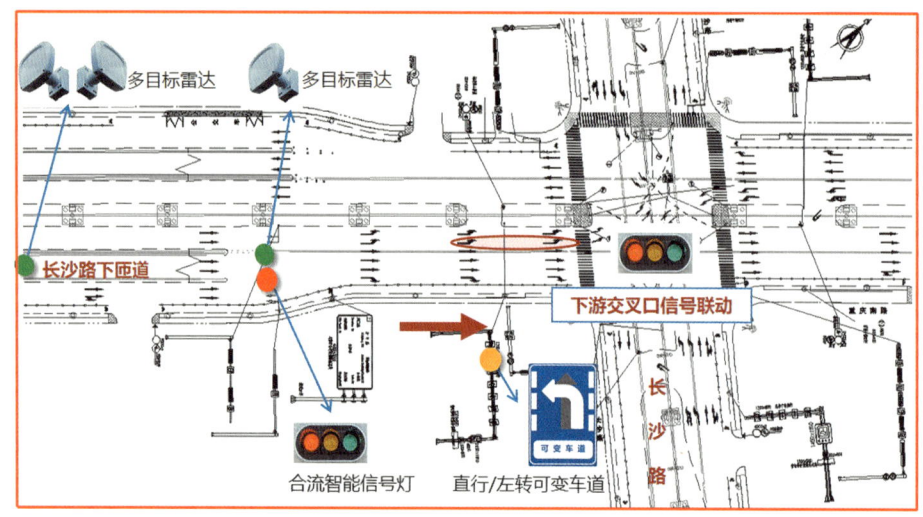

图 5-14　外场设备部署示意图

系统物理架构设计如图 5-15 所示，包括以下子系统。

（1）数据采集子系统：在快速路主线匝道端设置广域毫米波雷达，用于采集匝道段的交通流量。

（2）数据通信子系统：新增的毫米波雷达、匝道控制信号机、可变情报板等设备利用监控系统已有的交换机，通过现有的光纤网络链路将数据统一传输至交通管控平台。

（3）外场控制子系统：将信号控制策略部署于下匝道信号控制机，基于匝道控制算法通过信号灯发布匝道通行的控制指令，联动控制下游就近路口的可变情报板。

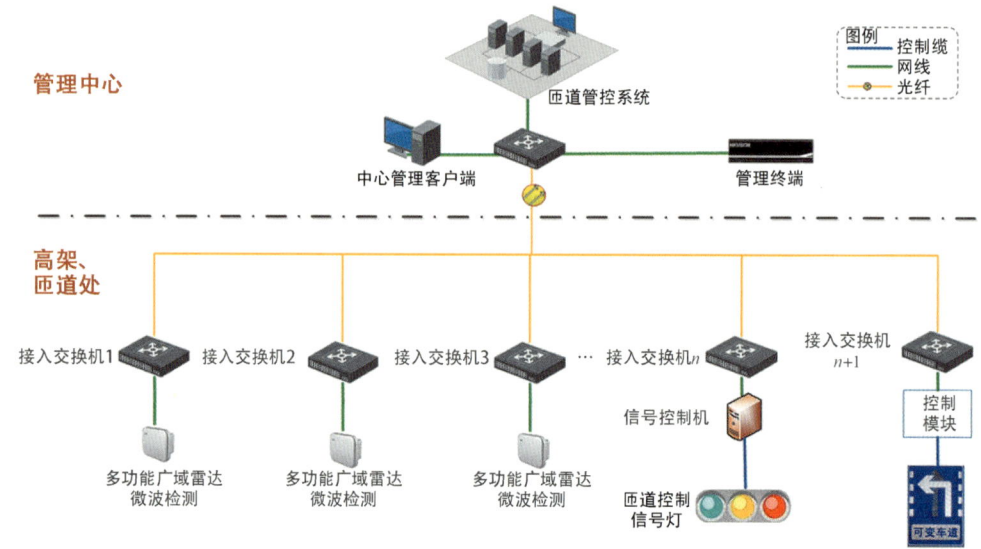

图 5-15　系统物理架构图

4. 仿真与效果评估

1) 仿真场景设置

为验证各种管控方案对于长沙路匝道的管控效果,共设定 6 个仿真场景,这些仿真场景分别采用不同的管控方案,如表 5-1 所示。

表 5-1 仿真场景设置

场景编号	管控策略	管控方案
场景 1	信号控制	默认(无管控)
场景 2		出口匝道与地面交替放行(全天开启)
场景 3		出口匝道与地面交替放行(自适应开启)
场景 4		交替放行及交叉口协同控制(自适应开启)
场景 1	渠化调整	默认(无渠化调整)
场景 5		左转外置
场景 6		定时开启可变车道

场景 1 作为无管控、无渠化调整的基准场景,通过与其他各场景的仿真输出指标对比,得出各管控方案的优劣。

2) 其他各场景仿真模型构建

(1) 场景 2:出口匝道与地面交替放行(全天开启)。

为实现交替放行,需要在接地点设置一处信号灯,如图 5-16 所示。该信号灯可以实现仅让匝道车辆通行、仅让地面车辆通行、匝道与地面车辆同时通行。人为估算设定该信号灯的配时,使得匝道放行时间与地面放行时间之比约为 1.5。

(2) 场景 3:出口匝道与地面交替放行(自适应开启)。

该方案除在接地点设置信号灯外,还需要修改实时控制代码文件,实现根据感知设备检测的数据实时动态调整交替放行方案的开启与关闭。

为避免红灯排队使占有率短时间高于阈值而导致的交替放行开启,采用每秒取前 5 min 占有率平均值的方式,若该值高于阈值则开启交替放行,同理,低于阈值则关闭交替放行。另外,为避免因频繁开启、关闭交替放行而导致车辆行驶速度受限,设定交替放行方案开、闭状态转换至少间隔 5 min。

(3) 场景 4:交替放行及交叉口协同控制(自适应开启)。

该方案除在接地点设置信号灯外,还需要修改实时控制代码文件,实现下匝道接地点信号灯与衔接交叉口信号灯的协同控制,如图 5-17 所示。控制逻辑为根据实时拥堵情况，改变具体控制方式。该方案是一种分级控制方案，匝道及主线无拥堵为一级，控制方式与场景1无管控相同；匝道产生拥堵但并未蔓延至主线为二级，控制方式与场景3自适应交替放行相同，同样根据5 min平均占有率是否大于阈值判断交替放行信号灯是否开启；匝道拥堵蔓延至主线为三级，需要按照预设的协同配时方案改变下匝道信号灯与交叉口信号灯的配时方案，实现拥堵车辆的快速疏解。

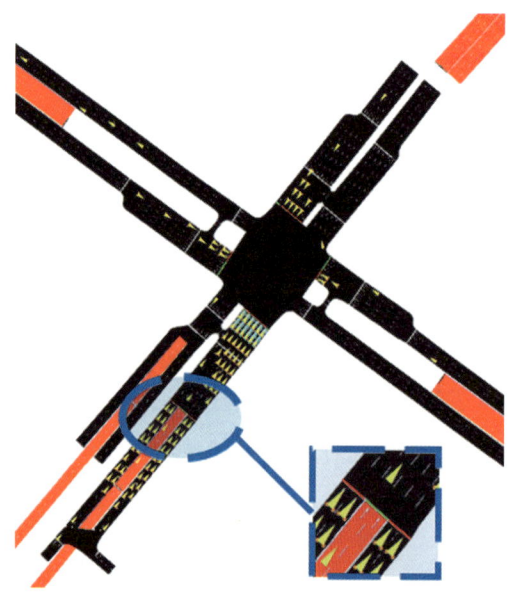

图5-16　出口匝道与地面交替放行信号灯示意图

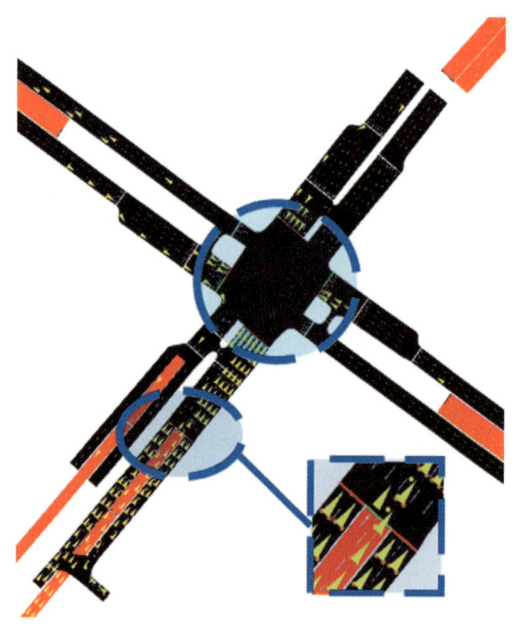

图5-17　交叉口协同控制示意图

在实时控制代码文件中,根据每一仿真时刻各感知设备的输出占有率,判断拥堵等级,进而改变控制方式。

(4) 场景 5:左转外置。

该方案需要对路网文件进行修改。将交叉口入口道的第三条车道设置为左转车道,如图 5-18 所示。左转外置后,出口匝道的左转车辆不需要跨越车道即可实现交叉口左转,减少了下匝道车辆与地面车辆的交织,从而缓解拥堵。

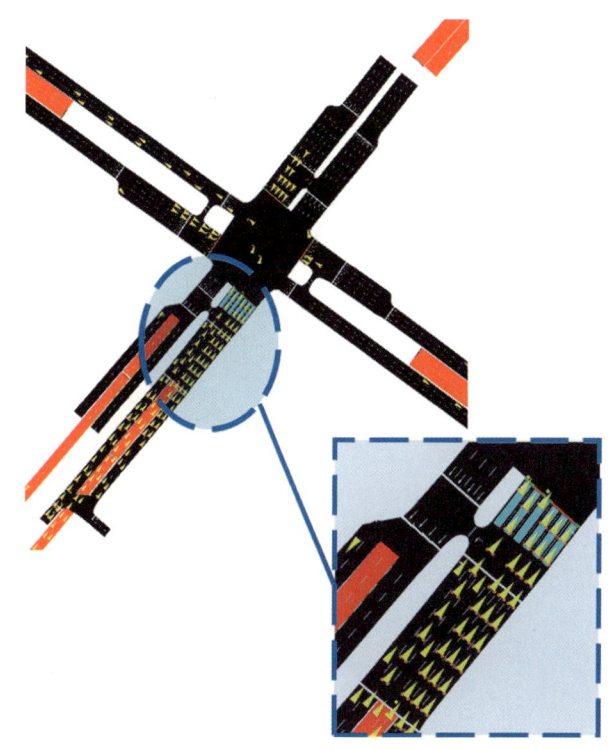

图 5-18 左转外置示意图

(5) 场景 6:定时开启可变车道。

该方案需要对路网文件及实时控制代码文件进行修改。将交叉口入口道的第二条车道设置为左转/直行可变车道,如图 5-19 所示。在实时控制代码文件中,设定 3 h 仿真中的第 2 个小时开启可变车道。设置可变车道后,出口匝道的左转车辆仅需变道一次即可实现交叉口左转,减少了下匝道车辆与地面车辆的交织,从而缓解拥堵。

3) 仿真输出与结果分析

选取拥堵时间为评价指标,车辆拥堵导致占有率升高,超过阈值即为拥堵。在不同左转比例下对 6 个场景进行仿真实验,得到结果如图 5-20—图 5-23 所示。

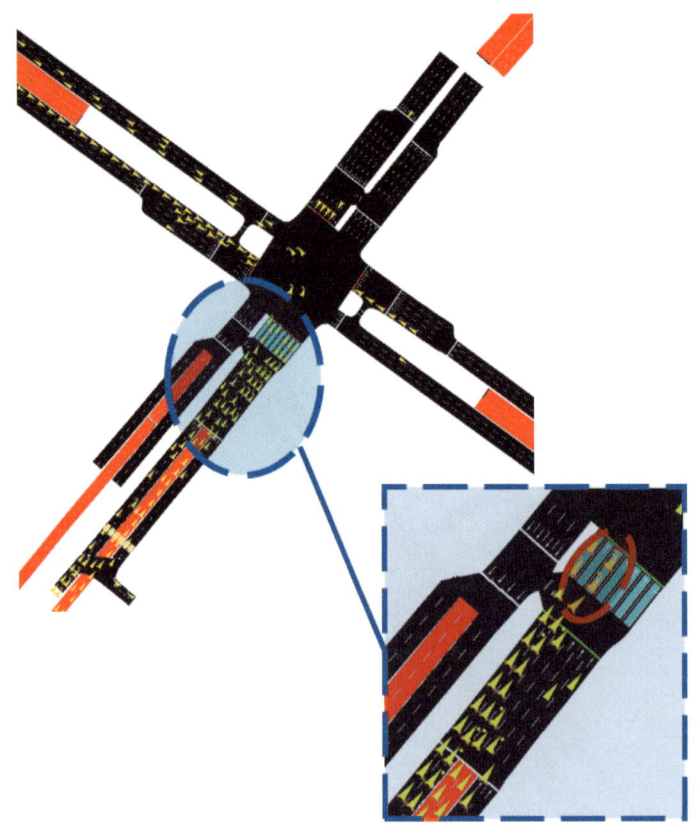

图 5-19 可变车道示意图

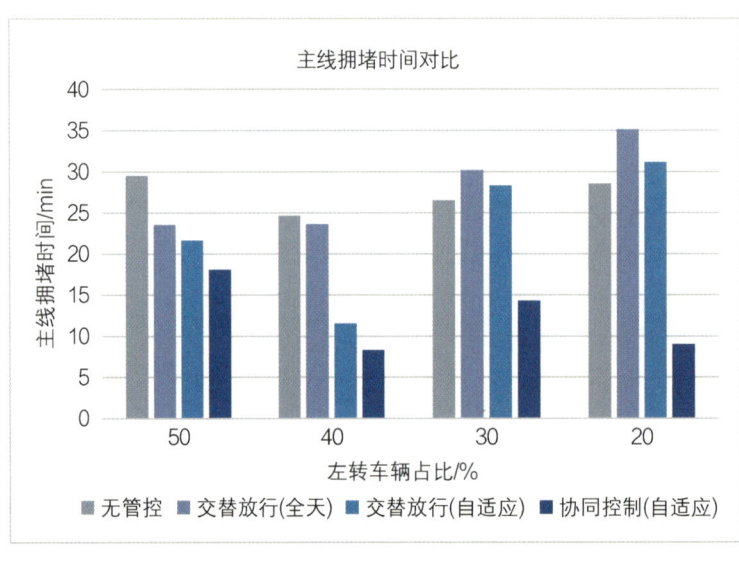

图 5-20 信号控制策略主线拥堵时间对比

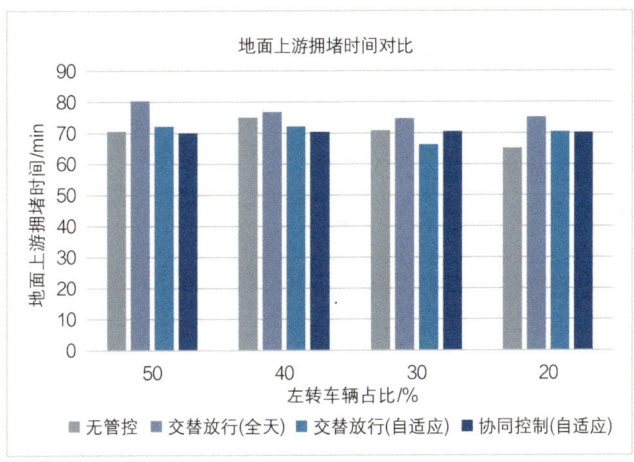

图 5-21　信号控制策略地面上游拥堵时间对比

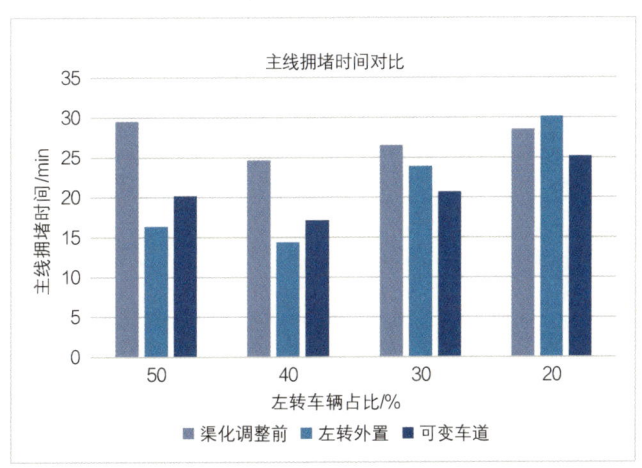

图 5-22　渠化调整策略主线拥堵时间对比

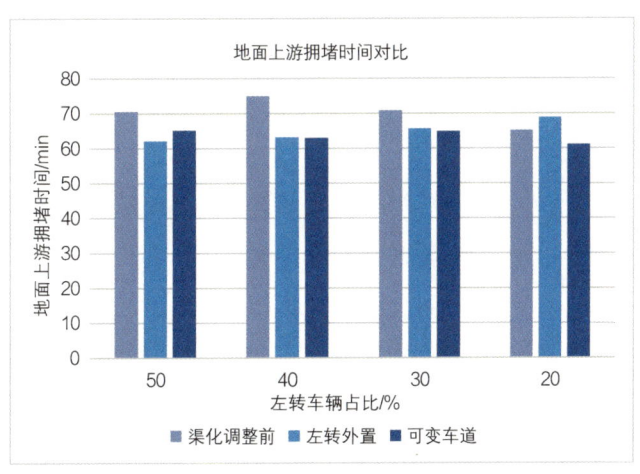

图 5-23　渠化调整策略地面上游拥堵时间对比

对于全天开启的交替放行方案（场景2），当左转车辆占比高时，主线拥堵明显改善，地面拥堵时间增加；当左转车辆占比低时，主线及地面拥堵都会增加，效果差；故其适用于左转车辆占比较高的情景。

对于自适应开启的交替放行方案（场景3），其效果优于全天开启的交替放行方案（场景2）。

对于自适应开启的协同控制方案（场景4），其效果优于交替放行（自适应开启），且当左转车辆占比低时，依然能够改善交通拥堵。

对于左转外置方案（场景5），当仿真车流量设置较大时，左转外置能够有效改善下匝道左转车流与地面内侧直行车流的交织；但当左转车辆占比低时，反而会带来负面效果，使拥堵时间增加。可知，该方案适用于出口匝道车流需求量长期较大的情景。

对于定时开启可变车道方案（场景6），仿真3 h车流量有较大波动时（低—高—低），可变车道能够有效满足不同时段的左转需求。因此，该方案适用于出口匝道车流左转需求量波动大的情景。实际中，设置可变车道时，需要根据流量等信息确定左转时段及直行时段。

5.2 主干路自动驾驶公交系统项目

5.2.1 项目概况

郑东新区龙湖区域地处郑州市区东部，是郑州东部商务金融中心、商业中心以及文化休闲中心。该片区在空间格局、综合配套、生态环境等方面具有突出优势，不仅是郑东新区的重要核心区域，也是郑州市东部的重要生态景观及市民活动空间。龙湖片区总用地面积约40 km²，建设用地面积约32.99 km²，规划人口约46万人。龙湖区域规划图如图5-24所示。

龙湖无人公交示范线全线长约17.4 km。线路走向：北三环—龙湖内环路—龙源十三街—龙湖中环路—龙翼七街—龙湖内环路—北三环。沿线经如意西路串联金融岛中环路。其中，中途站结合现状公交站台设置20组，共34处。

主要研究内容：客流预测、线路、道路工程设计、中途站首末站与停车场设计、车型选型设计、智慧化系统设计、运营组织方案等。

5.2.2 客流预测

根据道路建设计划，客流预测结合近期方案考虑，预计龙湖无人公交示范线将于

2020 年 6 月正式投入运营。评价年限根据无人公交系统建成通车后的使用年限分为建设初年和营运远期，预测年限分别选在 2020 年和 2035 年。项目研究范围为龙湖无人公交运营线路途经区域，为龙湖片区范围。

图 5-24　龙湖区域规划图

具体研究内容包括以下几点。

(1) 现状发展分析：包括居民出行特征、道路系统现状、机动车发展现状、交通流现状特征、公交发展现状。

(2) 相关规划解读：城市空间布局结构、城市发展规模、城市综合交通规划、城市快速轨道交通规划、城市公共交通发展规划。

(3) 城市交通需求预测：采用四阶段建立模型，内容包括人口就业、发生吸引量、出行分布以及出行方式划分预测。

(4) 无人公交客流预测：依据上位规划、沿线用地控规以及线路选线方案，预测公交总需求及无人公交承担的客流规模，为运营组织与管理、效益分析提供预测依据。

5.2.3　建设条件及线路设计

1. 交通设施现状

交通设施是指为保障行车、行人安全，充分发挥道路功能，在道路沿线设置的各种设施，包括交通标志、标线，护栏等分隔设施，以及公交停靠站等。

(1) 交通标志、标线：龙湖区域内已建成道路标志、标线情况良好，可以满足日常交通需求，基本没有标志、标线破损严重的道路。

(2) 护栏等分隔设施：龙湖地区的机动车道以双黄线或中央分隔带进行分隔，机动车道与非机动车道以白实线或侧分带进行分隔，基本不使用护栏。

(3) 公交停靠站：自动驾驶涉及道路北三环、龙湖内环路、龙湖中环路、龙源十三街、龙翼七街及金融岛中环路，沿线均已建成公交停靠站。其中，北三环、龙湖内环路停靠站为路侧式，以港湾公交站为主，尺寸为 50 m×3 m，如图 5-25（a）所示；龙湖外环路停靠站为路中式，设置于中央分隔带上，尺寸为 50 m×3 m，如图 5-25（b）所示；金融岛中环路停靠站为路侧式，尺寸为 35 m×2 m，如图 5-25（c）所示。

(4) 公交车道：龙湖中环路设计有快速公交系统（Bus Rapid Transit，BRT）专用道，BRT 专用道位于路中，标线设置为白实线 + 黄虚线，现阶段标线已涂刷完毕，尚未通车。其他道路未设置公交专用道。

(a) A型(50 m×3 m路侧式)位置图及效果图

(b) B型(50 m×3 m路中式)位置图及效果图

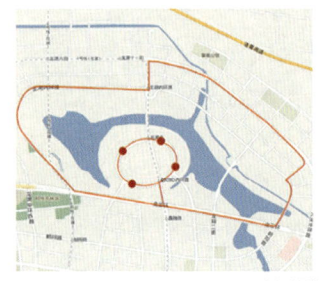

(c) C型(35 m×2 m路侧式)位置图及效果图

图 5-25　典型公交站设计

2. 主要控制因素

(1) 道路车道规模。自动驾驶设计要求道路一般应满足车道规模不小于双向 6 车道，或原设计有公交专用道，否则，自动驾驶车辆占用车道后会对社会车辆交通造成较大影响，本次无人驾驶所选道路均满足以上条件。

(2) 施工影响工程。目前龙湖中环路西侧部分受隧道、地铁等地下工程施工影响已被打断，现阶段无法实现全线贯通，无人驾驶应避开以上区域。

(3) 原道路建设形式及节点处理形式。原道路在部分交叉口处存在立交，无人驾驶在经过立交桥时，交通方案是制约其线路选择的一个重要因素。本次设计方案中，北三环东侧与龙湖中环路相交为互通式立交，转向匝道与地面辅路交通条件都很差，因此，最终推荐线路选择绕行规避此节点。

(4) 原停靠站位置。龙湖中环路公交停靠站位于路中，其他道路均位于路侧。因此，本次设计方案中自动驾驶车道位置与停靠站一致：龙湖中环路利用原 BRT 车道位于路中，其他道路位于路侧。

(5) 原道路车道功能设计。根据原道路是否规划有公交专用道以及公交站台在断面中的具体位置，确定本线路的自动驾驶车道为专用车道，根据专用时段分为全时段专用或高峰专用。

经调查，仅有龙湖中环路设计有 BRT 专用车道。因此，本次方案仅有龙湖中环路的自动驾驶车道为专用道，其他线路的道路为减小对原道路功能的影响，均按照高峰专用道设计，非高峰时间可开放供社会车辆使用。

3. 线路设计

经现场踏勘，沿线道路均为现状建成道路，路面状况良好；选取道路皆为城市干路，均有设置公交专用道的空间。

线路方案：因中环路施工等原因，线路沿龙湖中环路、龙翼七街、龙湖内环路（东）、北三环、龙湖内环路（西）、龙源十三街形成闭环，在北三环途经如意西路绕行金融岛（图 5-26）。线路全长约 17.4 km（含金融岛内约 3 km），沿线布置 34 处停靠站（其中 31 座为既有公交站台，3 座为新建公交站台）。

5.2.4 车站工程

1. 中途站设计

无人驾驶公交站点由北侧龙湖中环路、龙源十三街、龙湖内环路、北三环、龙翼七街上的公交站串联而成。建筑设计具有如下特点。

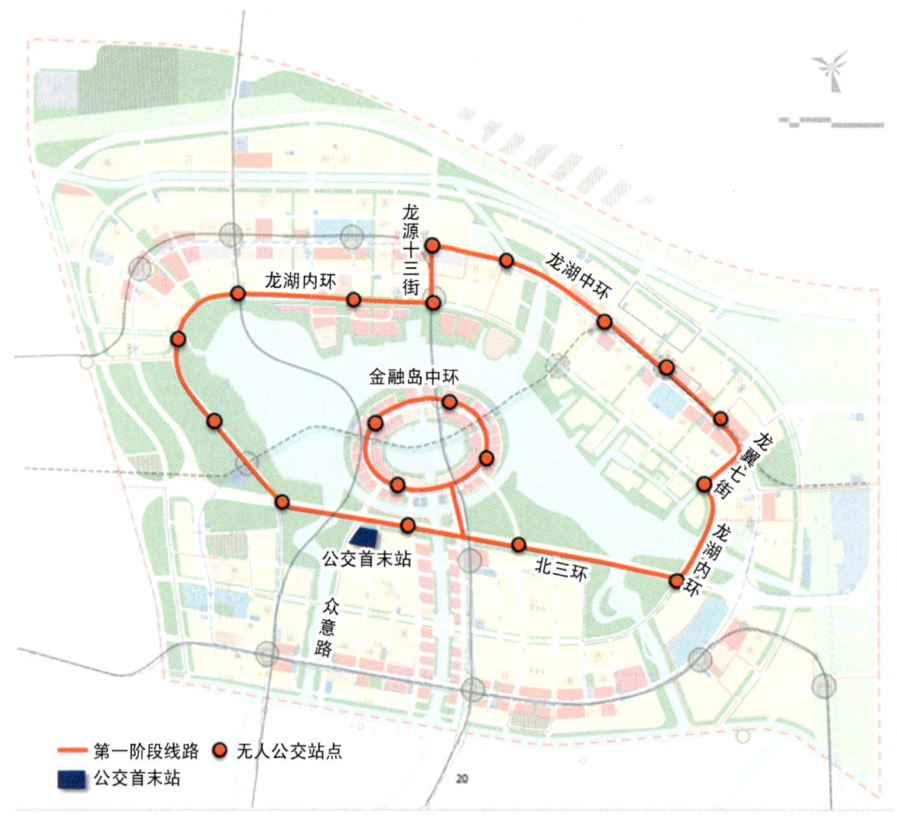

图 5-26　工程线路图

（1）外观特色化：无人驾驶是可预见的未来高科技技术，因此无人驾驶公交车站的设计必须具有对未来的预见性和前瞻性特点。为了满足未来无人驾驶公交车技术的需求，同时兼顾有人驾驶公交车站的现状，本节提出过渡空间的策略，希望打造一个空间载体，既可以承接现在，又能连接未来。

（2）功能模块化：考虑各站台在功能方面的实际使用需求，配套搭载相应功能设施，充分发挥公交候车亭的换乘、引导作用（图 5-27）。通过技术创新，引入多功能、模块化设计，拓展其使用功能，满足市民在候车时的多样化需求。

在"太空舱"设计中，采用模块化的设计理念，将舱体拆分为 5 块板式模块和 2 块结构模块这两种基本单元，通过不同模块的拼接组合，并融入辅助设备，从而形成不同组合的多功能模块，如休息模块、广告模块、清洁模块、无障碍模块、电子信息模块和智能模块等。

（3）节能环保化。在站台方案设计过程中，考虑与夜景效果结合（图 5-28），以站台对城市夜景的美化点缀作用，进一步提升现代化城市的文明形象和城市独有品位。

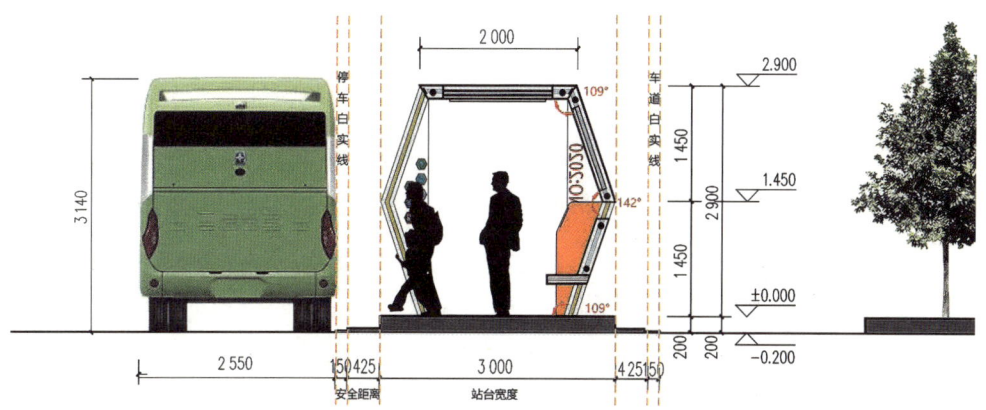

图 5-27　候车厅站台与停车之间关系（单位：mm）

图 5-28　夜间效果图

2. 停车场设计

停车场采用东进西出的单向流线方式。停车场分为无人公交停放区、社会车辆停放区以及站房区域。社会车辆停放区靠近外侧，独立流线。站房靠近金融岛展示中心，同时靠近场地内部，易于管理。无人公交停放区位于场地中部，满足无人公交停车尺寸及通行流线。无人公交通过龙腾三路驶入停车场，通过匝道上的闸机对其进出进行管理。无人公交驶入独立的停车区域，可在停车位上充电。社会车辆停车流线相对无人公交独立，互不干扰。

车行系统方面，访客车流独立于无人公交停放区，这有利于分区管理。

在停车区域规划上，无人公交停车区域可容纳 16 辆车。设有 12 m 长的公交停车位 12 个，预留了 4 个弓形大巴自动充电桩车位，并且这 12 个无人公交停车位均预留了人工充电桩位置。

图 5-29 为停车场库效果图。

图 5-29 停车场库效果图

5.2.5 道路工程

自动驾驶专用道分为全天候公交专用道和高峰时段公交专用道两种类型。考虑到龙湖中环路原设计有 BRT 专用车道，本次自动驾驶车道利用原 BRT 车道进行改造，因此，龙湖中环路、金融岛中环路、如意西路的自动驾驶车道为专用道，所有时段均不允许其他社会车辆占用。其他道路（龙湖内环路、龙翼七街、龙源十三街、北三环）利用原道路一般车道进行改造，考虑到原道路设计规模与设计通行能力的匹配，本次自动驾驶方案中，这些道路的自动驾驶车道为高峰专用车道，如图 5-30 所示，专用时间段为上午 06：30—09：30，下午 16：00—19：00，其他时间对社会车辆开放，非高峰时间自动驾驶不额外占用社会交通资源。

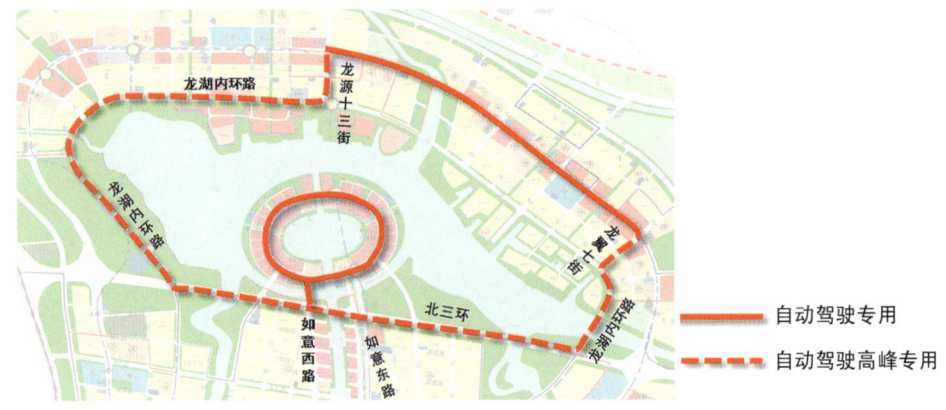

图 5-30 自动驾驶专用道与高峰专用道示意图

图 5-31 为道路横断面图。图 5-32 和图 5-33 分别为交叉口直行交通组织图和左转交通组织图。图 5-34 为交叉口转向提示标志设计。

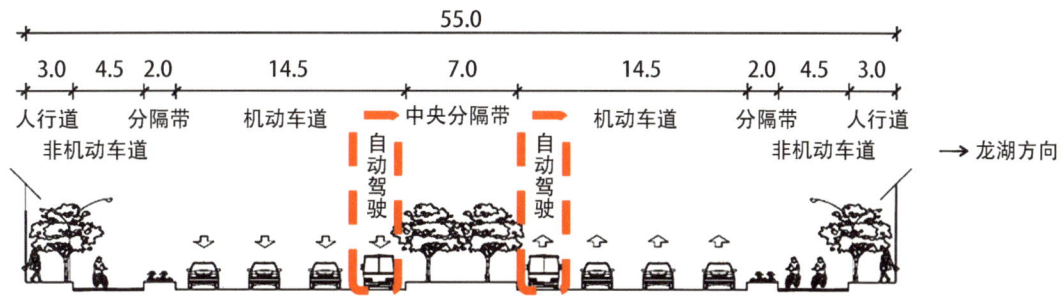

图 5-31 横断面图（单位：m）

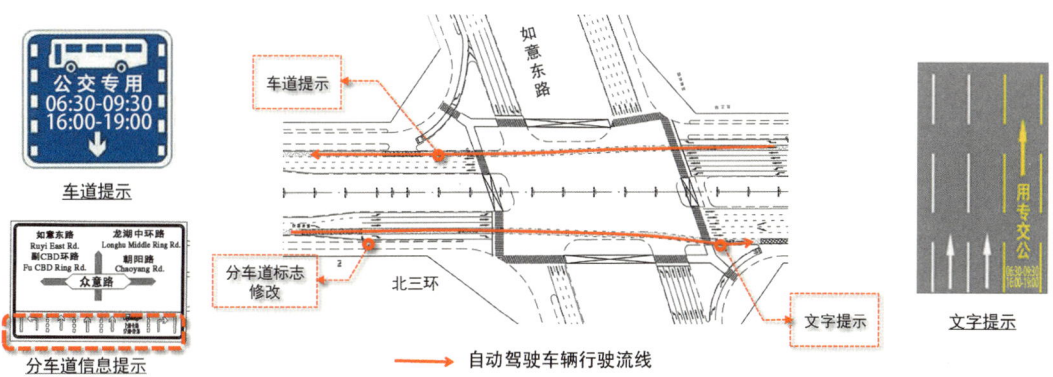

图 5-32 交叉口交通组织图（直行）

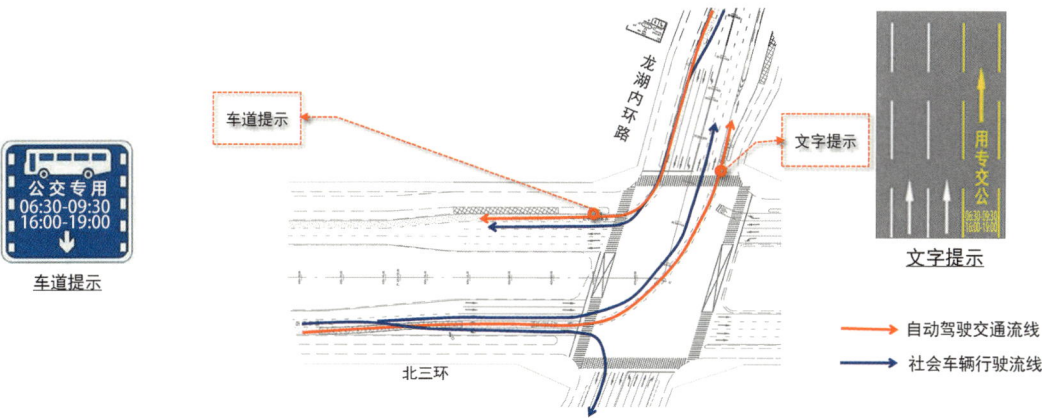

图 5-33 交叉口交通组织图（左转）

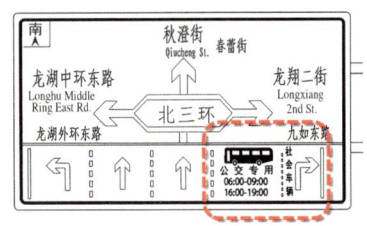 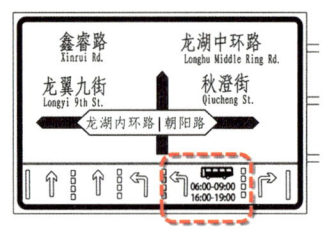 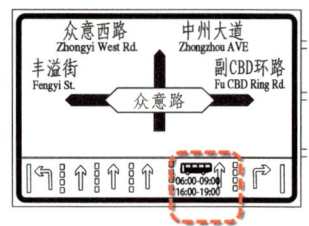

图 5-34 交叉口转向提示标志设计

5.2.6 车辆工程

1. 选型原则

无人驾驶公交车辆的选型应以国内当前技术发展情况以及郑州公交运营的实际情况等为依据，秉持安全可靠、经济实用的原则，实现客流智能化安全运输，同时达到示范引领作用，具体应遵循以下原则：

（1）适应本线路的自然条件和线路条件，满足客运量需求。

（2）满足本项目各种运营场景的应用需求。

（3）乘坐舒适，运行能耗低，经济环保。

（4）技术成熟、安全可靠，同时具有国内领先、示范引领作用。

（5）维修保养方便，便于管理。

2. 车辆选型要求

根据客运需求以及行业标准《城市公共交通分类标准》（CJJ T114—2007）的公共道路公共交通分类方法，并考虑土建设施、站台等配置情况，为实现安全、高效、稳定可靠的自动驾驶功能，本项目运营公交车辆应满足下列要求。

（1）车辆外形要求。车辆需要采用右侧开门，符合当前站台的设置。

（2）智能化与自动驾驶功能要求。

① 车辆配备高科技智能交通系统，结合"车辆-乘客-云端-场端"一体化，实现城市级全时空动态交通信息采集和云端融合，实时显示智慧公交的运行信息。

② 针对龙湖中环路及金融岛道路环境实际情况，车辆应具备不低于 L3 级自动驾驶系统的功能。

③ 适应本线路的线路条件和场景特征，如线路场景特征包括人车流量较大的屏幕交叉、高架桥梁、较为狭窄的 BRT 进出口等，需保证技术成熟且安全可靠的自动驾驶示范运行。

④ 可实现的公交自动驾驶能力，如表 5-2 所示，但不局限于此表。

表 5-2 公交自动驾驶能力

功能	大项	子项	能力描述
自动驾驶能力	道路	路网范围	覆盖常规城市道路（包括主干路、次干路、支路）的自动驾驶能力
		道路类型	具备通过直行道、弯道、十字路口、分岔汇入区域、坡道、进出主辅路、进出环岛、桥梁、林荫路的自动驾驶能力
	红绿灯感知	类型	具备识别竖式饼灯、横式饼灯、箭头灯、数字灯、人行横道灯、调头专用灯、临时红绿灯等特殊灯型的能力
		状态	具备识别常规红绿灯、黄闪灯、故障灯、呼吸灯等特殊语义灯的能力
	交通标志感知	类型	具备动态识别禁行标志、限速标志、导流标志等交通标志牌的能力
	障碍物感知	静态障碍物	具备准确识别栅栏、锥桶、路桩、高于地面 30 cm 物体的能力，以及识别面积大于 $0.2 m^2$ 物体的能力
		运动障碍物	具备准确识别行人、自行车、三轮车、小车、大车、特殊车辆等的能力，以及识别障碍物大小、位置、移动速度、朝向、加速度等的能力
	交通场景下的驾驶能力	跟车	具备跟随前方车道内的车辆行驶并保持安全车距的能力
			具备前车极速刹车时的合理避让能力
			具备应对跟随行驶过程中障碍物的切入或切出，合理调整车速，保持安全距离的能力
		变道	具备依据路径规划进行变换车道的能力
			具备前方有阻塞时主动变换车道通行的能力
		路口（路口直行、左右转）	具备路口直行跟随车流合理通行的能力，具备路口与其他方向车辆交互通行的能力
			具备路口有保护左转通行的能力，具备路口左转进入左转待转区的能力
			具备路口右转汇入车流的能力，具备路口右转与其他方向车辆交互通行的能力
		同车道避让	具备前方有障碍物占道时，准确识别障碍物并在同车道内横向躲避通过的能力
		应对信号灯	具备路口直行时应对红绿灯变灯的能力
		应对人行横道	具备应对人行横道横穿行人的行驶通过能力
		进站、出站	具备进站和出站能力
系统安全	系统安全	风险预警	具备系统状态自诊断、监测异常风险预警的能力
		冗余安全	具备安全冗余系统，系统异常时能够回到最小风险条件

3. 车辆方案

根据车辆选型原则和功能要求，对国内主要的公交车型以及已开展的自动驾驶公交的测试情况进行调研，综合考虑技术成熟度，将以下两种车型纳入本次研究：12 m 智能网联大型公交车与 6 m 智能网联小型公交车。

智能网联车辆可实现的自动驾驶功能包括超级巡航、精确进站、交叉口通行辅助以及自动泊车等功能。

超级巡航：传感器探测前方是否有障碍物，系统根据定位信息、障碍物信息、车身状态，计算并控制车辆转向系统、制动系统、驱动系统，确保车辆在预定线路安全行驶。

精确进站：通过控制转向系统、制动系统、驱动系统，能够确保车辆实时获取站点位置，并根据本车车速及站点信息实现自主进站及自主出站。

交叉口通行辅助：基于 V2X 通信技术，实现车辆与红绿灯协同，获取交叉口红绿灯状态和配时信息，自动规划车速，实现自动通行。

自动泊车：基于车载感知系统和智能调度系统，自动识别车位，自动规划泊车入库路径及车速，自动控制车辆横纵向运动，实现指定位置自动泊车。

此外，智能网联车辆还具备自动充电功能，其效果图如图 5-35 所示。

图 5-35 智能网联车辆自动充电效果图

5.2.7 行车组织与运营管理

1. 基本服务水平

1）运行速度

结合工程沿线道路设计车速、流量预测等数据，参考快速公交设计车速及车站中途停靠情况，按照城区段运行车速 20 km/h、非城区段运行车速 25 km/h 的标准，设计智慧公交全线运行速度约 22 km/h。

2）运行方式

智慧公交线全线采用混行运行方式。

3）运营时间

智慧公交线路建设完成后可与常规公交进行换乘。结合常规公交首末班次发车时间，并适当参考沿线居民出行时间特征，智慧公交工作日全天运营时间拟定为6:00—21:00，具体运营时间由公交公司根据流量需求变化情况制定。

2. 运营组织方案

1）全线发车间隔

发车间隔需要通过最大断面客流要求和近期服务水平联合确定。根据客流预测情况，使得高峰小时发车满足最大断面客流要求，通过式（7-1）计算高峰小时发车间隔。

$$t=\frac{60q\gamma}{Q} \tag{7-1}$$

式中，t 为高峰小时发车间隔（min）；q 为主线车辆载客能力（人/辆）；γ 为高峰小时高断面满载系数；Q 为高峰小时高断面流量（乘次/h）。

12 m 车型无人公交车额定载客 79 人，高峰时期会存在超出额定载客的情况，满载客数可达 103 人（表5-3）。建设初年，由于发车间隔宜大于 2 min 以及高峰时期发车间隔为 12 min，同时考虑到无人公交的展示效果与管理便利性，全时段按照 12 min 双向发车频率进行控制（表5-4）。

表 5-3　12 m 车型无人公交载客参数

车型	额定载客/人	满载系数	满载客数/人
12 m	79	1.3	103

表 5-4　客流量与发车间隔表

不同时期	远期（2035年）			建设初年（2020年）		
	断面客流/(人次·h⁻¹)	车型	发车间隔/min	断面客流/(人次·h⁻¹)	车型	发车间隔/min
高峰时期	3 033	12 m	2	514	12 m	12
平峰时期	1 213	12 m	5	206	12 m	12

2）运营车辆配置

初期运营线路为龙湖中环北段—龙湖内环—北三环—金融岛环线，全线运营长度为 17.4 km。远期运营线路为龙湖中环北段—北三环—金融岛环线，全线运营长度为

18.6 km。

考虑到车辆行驶时间与停靠时间，运营一圈需约 60 min，单方向发车每周期 5 辆，双向发车每周期 10 辆。近期运营仅需配置 10 辆车，额外配置 2 辆车作为备用，共计配置 12 辆车。远期运营配置 26 辆车（表 5-5）。

表 5-5 配车计划表

车型	远期（2035 年）	建设初年（2020 年）
12 m	26 辆	12 辆

5.2.8 智能化系统工程

智能化系统主要由车路协同建设方案、云控平台、大屏展示系统、智慧站台系统、路口电子警察与视频监控系统以及智慧停车场系统六大部分组成。

1. 车路协同建设方案

本项目车路协同建设方案包括 5G 车载终端、路侧信号优先设备、路侧盲区监测设备、路口信号机、车路协同支撑平台等核心设备系统组成。通过 5G 车路协同技术，打造全国领先的车路协同样板项目。

1）信号优先

项目线路涉及 29 个信号路口，将全部实现信号优先，具体建设点位如图 5-36 所示。实现自动驾驶车辆与信号灯状态的协同通信，同时在车辆到达红绿灯路口前，结合实际运营及道路通行情况，按需请求信号优先通行；根据信号优先的请求结果，动态计算车辆所需通行车速，自动驾驶车辆或司机按照诱导车速行驶，以实现最少等待和以最快速度通过路口。

2）盲区监测

盲区共设置 3 处监测点位。盲区采用 16 线激光雷达的监测方案，路侧单独立杆，实现道路盲区交通参与者信息预警。在交叉口路侧安装盲区预警设备（图 5-37），通过 V2X 车路协同网络解决机动车视野盲区的问题，避免交通事故发生，提升通行安全和驾乘体验。

2. 云控平台

1）系统构架

云控平台具备良好的完整性：覆盖了"人-车-路-站-场-云"等公交运营业链条的各个管控环节，车辆运营场景丰富，方案完整，如图 5-38 所示。

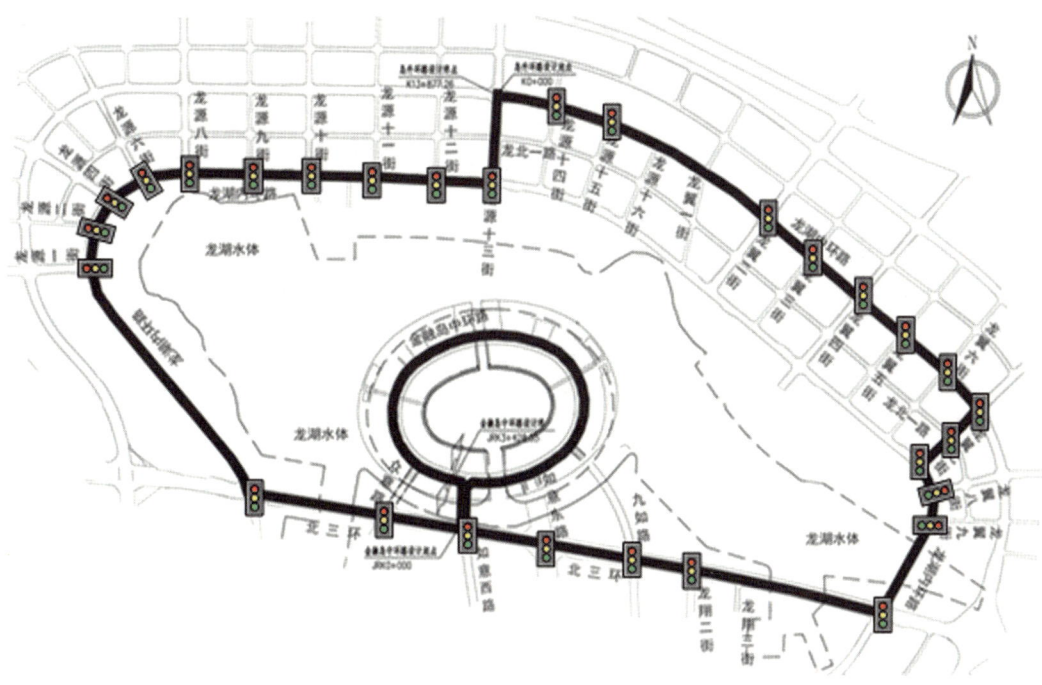

图 5-36　信号优先平面示意图

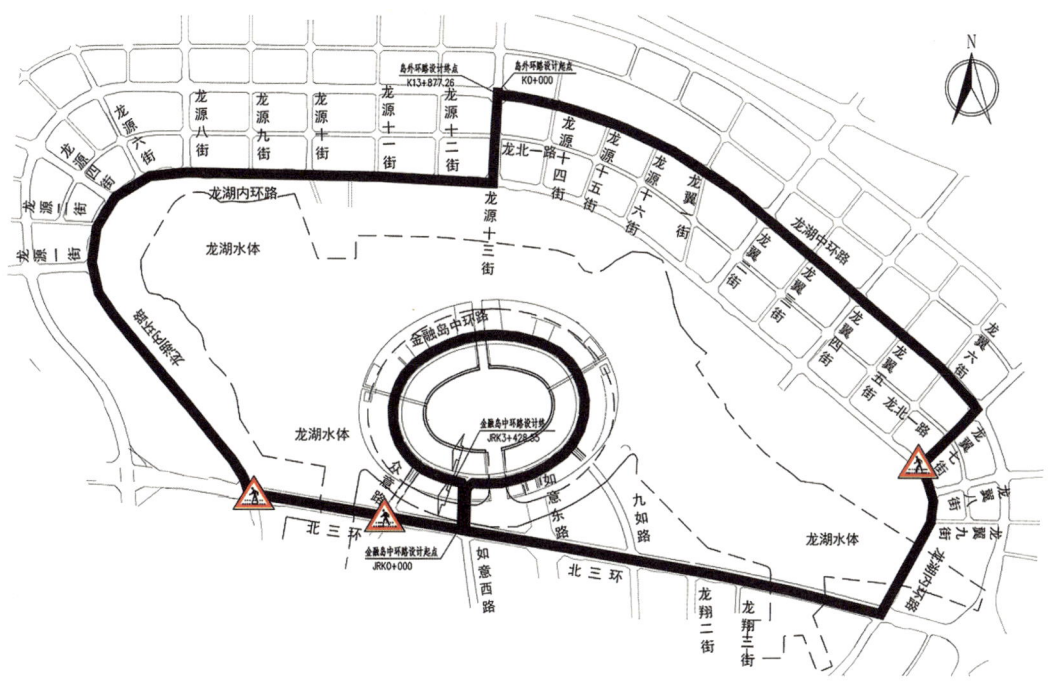

图 5-37　交叉口路侧盲区预警设备布设点

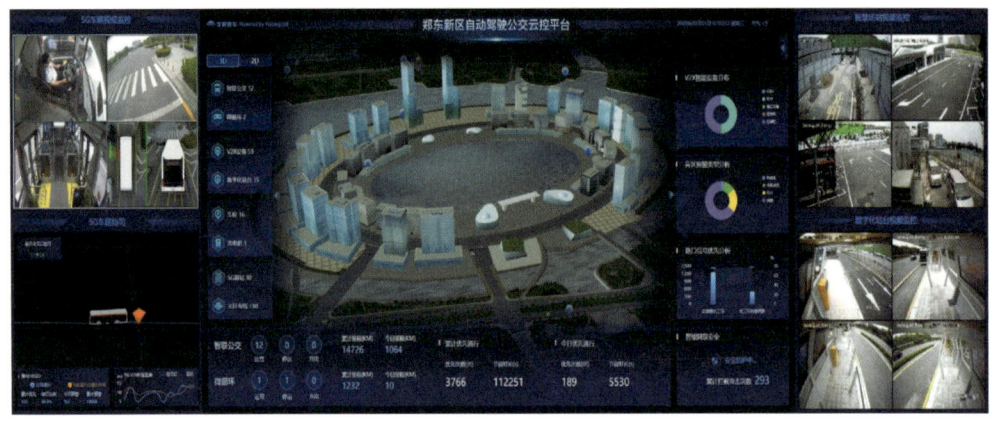

图 5-38 云控平台方案

智慧公交管控平台基于车联网、物联网等大数据技术，涵盖车载 V2X 智能终端、路侧 V2X 设备、信号机、盲区雷达等多种终端设备，遵循行业标准规范以及安全防控技术要求，采用分层服务设计，实现智能网联云控平台的各项功能架构。

2）云控平台功能

在系统架构的基础上，智能网联云控平台具备六大子系统，包括三维高精度地图子系统、自动驾驶全域全要素实时监控子系统、自动驾驶车辆远程控制子系统、车路协同设备管理子系统、自动充电调度子系统、车路协同信号优先子系统。

(1) 三维高精度地图子系统。

线路监控中心利用现有显示大屏，将其应用于智能公交项目的多个方面，包括相关场站和示范线路视频监控、路侧设施（如红绿灯、盲区等）的信号监控，以及智能网联云控平台的集中显示。大屏显示内容涵盖专用场站三维建模实时运营监控信息、全线路三维高精度地图实时运营监控信息、全线路全交通要素实时监控信息，以及网络安全全链路实时运营监控信息。

(2) 自动驾驶全域全要素实时监控子系统。

在云控平台系统的管理界面上，能实时显示快速公交线路上所有智能网联车辆的位置、速度、状态等信息。同时，该系统可实现路侧智能设备（如盲区雷达、红绿灯）的实时状态信息监控、盲区预警信息动态监控、盲区预警详情展示、路口盲区预警统计与分析，以及全链路网络实时运行安全问题监控。管理人员通过这一界面，可以清晰地了解全线车辆运行情况。界面上的展示元素可实时点击查看详情。

(3) 自动驾驶车辆远程控制子系统。

该子系统可实现自动驾驶车辆日常的运营管理、远程监控、远程操控，如远程唤醒车辆、远程开关空调、自动驾驶车辆远程目的地调度等。

(4) 车路协同设备管理子系统。

在道路侧建设了大量路侧智能设备,通过云控平台,可对盲区设备、红绿灯、RSU、充电桩等设施及其运营状态和故障情况进行统一管理,保障路侧设备的正常运行和自动驾驶车辆的正常运营;同时可实现车辆注册管理、设备注册管理、V2X 设备动态监控等功能。

(5) 自动充电调度子系统。

该子系统可根据车辆的 SOC 数据、车辆位置、运营状态、充电桩位置与状态,按照预设的充电策略,对车辆进行充电调度。车辆收到充电调度指令后,可自动前往指定充电站,找到指定充电桩后进行充电。系统对充电过程进行全程监控以确保安全,充电完成后,车辆根据实际需要重新投入运营或回到指定停车位。

(6) 车路协同信号优先子系统。

该子系统需要基于目前的信号灯相位,根据主线车辆的实时通行情况,采用对应的信号优先策略,确保车辆的优先通行,同时平衡社会车辆的路口通行能力。具体包含如下功能:全路段信号优先动态实时监控、路口信号优先重点监控、全路段信号优先效果分析、信号优先详情信息统计、车速诱导绿波通行动态监控。

3. 大屏展示系统

该系统集指挥调度、运营监控、参观展示等功能于一体,包括 LED 大屏展示系统和触摸屏展示系统。

4. 智慧站台系统

智慧站台系统涵盖监控设备、墨水屏电子站牌和液晶广告屏,通过以上项目的建设,可以实现站台系统自动化,提高乘客的候车体验,满足车辆停靠的安全要求。

项目共建设 34 座站台,弱电智能化系统覆盖全部站台,其中高配 14 座,标配 20 座。

5. 路口电子警察与视频监控系统

项目建设通过在路口设置电子警察与视频监控,满足交警对自动驾驶车辆全线运营安全监管的要求,路口电子警察和视频监控球机通过光纤接入路口光端机,最终以租用运营商有线光纤网络的方式将数据传输至交警监控中心。

电子警察系统由前端子系统、传输与后端管理子系统两部分组成,采用"深度学习"算法,实现对路口机动车闯红灯、逆行、压线、不按所需行进方向驶入导向车道、不按规定车道行驶等交通违法行为的自动抓拍、记录、传输和处理,同时系统还兼具卡口功能,能够实时记录通行车辆信息。

项目所包含的路口电子警察与视频监控等设备的建设点位共有 29 处，具体点位如图 5-39 所示。

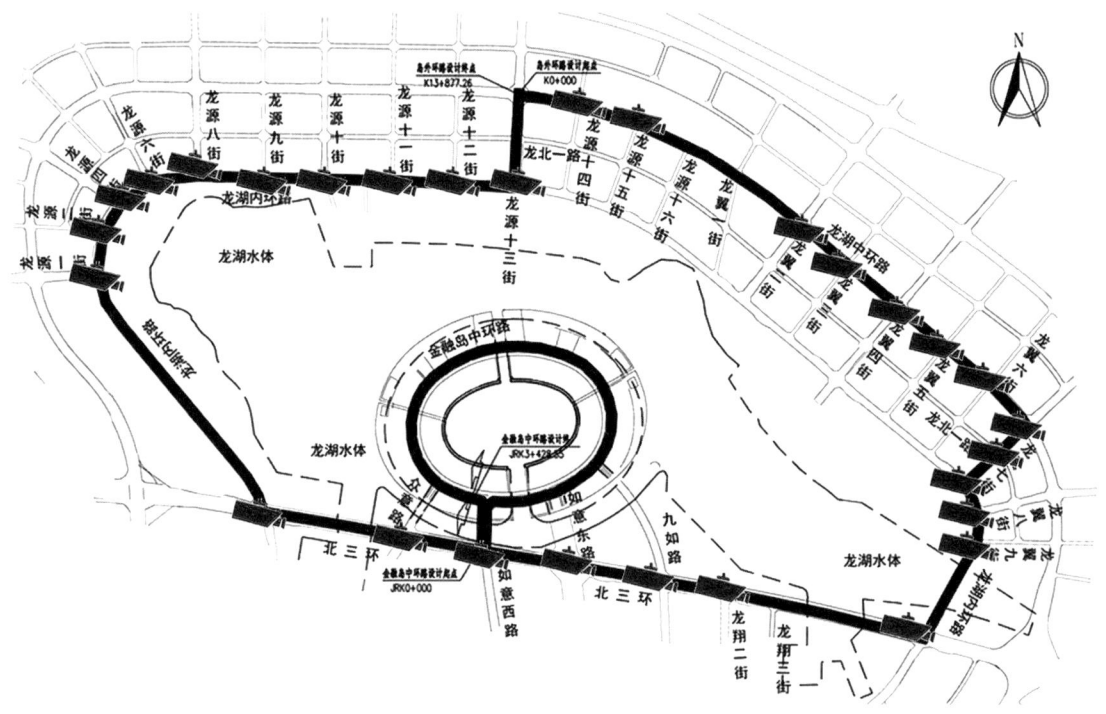

图 5-39 电子警察与视频监控建设点位

6. 智慧停车场系统

本项目智慧停车场建设涵盖场站一体化道闸、场站安防监控、自动泊车系统、自动充电系统、监控指挥中心以及中心机房等多种智能化系统。通过以上项目的建设，可以实现停车场作业智慧化，达到少人、安全、高效的核心目标。

（1）场站一体化道闸。场站一体化道闸包含道闸、补光灯、1 个视频车检器、1 个防砸雷达和 2 个遥控器，其具有防撞、防冷凝、手动锁闸等功能。

（2）场站安防监控。预设了 13 处 200 万像素的网络高清枪机以及 2 处 200 万像素的网络高清球机，通过这些设备可对场站进行实时的安防监控。

（3）自动泊车系统。设置独立泊车区域，与社会车辆分离，依靠单车智能和车路协同辅助，实现车辆精准泊车。

（4）自动充电系统。建设了 3 个大功率自动充电设备，该设备融合了运营及充电智能调度等多种功能，可实现车辆多样化的运营、充电需求。车辆无论是回场还是在沿途补电站点，均可自动泊车至充电车位，可在夜间 1 h 内充满电，或者在短时 5 min 内补电增加续航里程 30 km。采用大功率充电技术（其充电功率可达 360 kW·h），相比传统单枪其充电效率提升了 20%。同时，通过充电接口感知识别定位技术，充电系统能在 30 s 内完成自动对接并达到最大输出功率，可避免充电操作人员接触高压部件，更安全、更高效。此外，充电智能调度系统可根据实际情况自动调整充电设备的输出功率，实现按需充电。当车辆电量充至所需的 SOC 值后，自动驶离充电车位，系统随即调度其他车辆自动泊车并开始充电，真正做到车辆充电零间隔，大大增强了充电场站的服务能力，使得充电资源得以更高效地被利用。

（5）监控指挥中心。监控指挥中心位于业务大楼内，面积为 71.34 m²，借用城市展厅中的大屏作为其演示大屏。监控指挥中心主要承担运营业务工作，同时兼具一定展示功能。其效果图如图 5-40 所示。

图 5-40　指挥中心效果图

（6）中心机房。中心机房用于承载支持场站监控、站台监控、墨水屏以及广告屏信息系统的服务器与存储资源。其中，场站监控和站台监控所产生的视频均在中心机房进行存储，存储容量可达 48 TB，视频存储周期为 15 d。中心机房配备有 40 kV·A 的后备电源，并搭配了后备电池，满足 2 h 的备电需求。

5.3 城市地下道路智能化建设项目

5.3.1 项目概况

黄河大道是济南市"三环两廊十二射"高快路网中重要的一廊——黄河北岸的快速走廊,也是串联济南新旧动能转换起步区三大组团五大功能区域的复合功能轴线,其主要功能定位为:

(1) 景观轴——支撑黄河生态保护与高质量发展的重要走廊;

(2) 交通轴——济南高快路网的重要组成部分,多种交通方式复合的交通廊道;

(3) 经济轴——促进新旧动能转换的金色纽带;

(4) 功能轴——实现"北起"战略定位的关键动脉。

黄河大道一期工程北起孙耿北路,南至鹊华东路(G104),全长约 16.2 km,沿线共布置 3 段隧道,如图 5-41 所示。其中,智慧产业园通道长约 3.7 km,会展中心隧道长约 2.3 km,体育中心隧道长约 2.2 km,其余为地面道路。隧道标准段布置双向 6 车道,地面道路标准段布置双向 6~8 车道。全线布置 8 对出入口,平均间距约 1.4 km。

图 5-41 黄河大道一期工程

根据《公路隧道设计规范》(JTGD 70/2—2014) 中关于隧道长度和单洞年平均日交通量的分级和设施配置要求，会展中心隧道及体育中心隧道按 A 级配置完整的隧道监控设施。本项目隧道监控系统由监控管理中心和隧道监控各子系统组成。

二标段设置独立的监控管理中心，对 2 条隧道内的各个监控子系统进行集成和管理。综合监控系统由交通监控子系统、设备监控子系统、电力监控子系统、火灾自动报警监控子系统、有线电话与有线广播子系统、闭路电视监视子系统、无线通信子系统以及中央控制管理系统组成。

5.3.2 设计目标

该项目以解决问题为导向，兼顾创新技术示范作用，着力打造一座具有标杆意义且拥有典型智慧场景示范应用的智慧隧道，使其达到行业领先水平。同时，为未来智慧化程度进一步提升做好预留，加强底座建设，以满足"弹性可生长"的要求，确保设施具备拓展性、平台具备扩容性，进而实现隧道的安全、高效、节能三大目标愿景。

(1) 安全。安全的行车环境是隧道建设的重中之重，也是智慧化手段提升的首要对象。安全目标主要体现在：改善隧道内行车环境，降低隧道交通事故率；提升隧道灾情探测、救援、疏散手段，降低火灾等灾害发生率，减少灾害损失；提升结构健康监测手段、数据分析能力，维护隧道结构安全等。

(2) 高效。高效目标一方面面向隧道管理方，优化其隧道管理手段，提升其管理效率；另一方面面向隧道使用者，降低隧道拥堵水平，提高隧道内通行效率。

(3) 节能。节能目标应力求提升隧道内各机电设施控制水平、优化控制策略，在满足隧道良好运行条件下，实现节能减排。

5.3.3 总体方案设计

在隧道常规机电系统基础上，结合隧道运营痛点以及隧道内驾驶员、运维管理方、主管单位需求，构建了"1+6"智慧隧道总体架构。

(1) "1"即1平台：建立基于隧道数字孪生模型的综合管理平台，构建智慧隧道大脑，实现全息感知、深度融合、优化决策、协同控制、高效管理的智慧型管理平台。

(2) "6"即6大新增模块：在常规隧道机电系统、管理中心基础上，新增了"交通全息感知与智能管控""隧道位置服务系统""入口超高超限智能监测与联动管控""轨道式巡检机器人""路面状态监测"以及"隧道能耗监测与展示"等模块，如图 5-42 所示。

1. 交通全息感知与智能管控

交通管控功能包括交通运行状态全息感知、交通态势研判、交通管控与引导等功能，

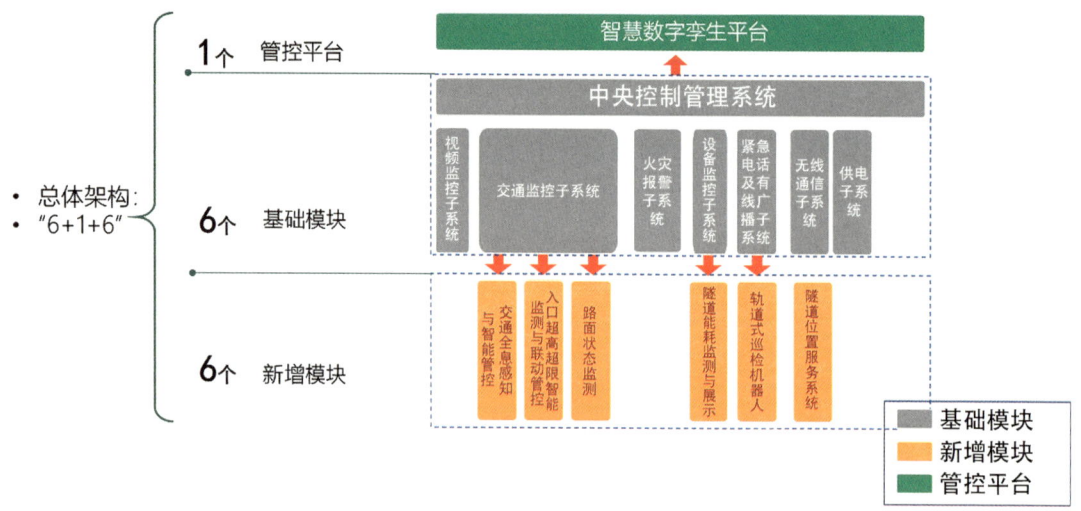

图 5-42　黄河大道智慧隧道设计总体方案

能够提供交通事故预警、交通状态信息等实时信息,从而实现与本平台隧道设施交通管控的对接,实时掌握隧道内交通运行状况,保障行车通畅,减少事故发生,并在事故发生后及时作出反应。

1)交通运行状态全息感知

通过获取交通运行状态信息,实现车辆轨迹跟踪与预测、交通流状态采集。同时,基于数字孪生模型,可实时展示隧道/环路设施内的交通流情况。

主要获取的信息有:机动车辆个体轨迹信息;交通运行参数,如平均车速、车流量、车道占有率、排队长度等;交通事件识别,如停车、逆行、超高、拥堵、事故、路面施工、抛洒物、行人闯入等。

2)交通态势研判

通过对道路数据信息进行处理和整合,分析道路实时运行风险、通行效率、拥堵程度等宏观指标。依托仿真,实现路网运行态势的分析研判。能够根据实时的交通流量,结合路段承载力,对隧道/环路内的交通趋势进行分析,给出未来 5 min、15 min、30 min 等不同时间段的交通态势变化趋势。

3)交通管控与引导

结合管理预案,对主要控制设备进行联动管控,实现一体化交通诱导、洞口控制、车道控制、可变限速控制、风险预警等功能。图 5-43 为毫米波雷达布局示意图。

2. 隧道位置服务系统

该系统的主要功能是实现从进入隧道至出隧道全过程的车辆定位与导航,增强隧道内的交通引导效果。同时，系统可以支撑开展基于普通手机终端的隧道管养人员和车辆的位置管理与安全监管（图5-44）。

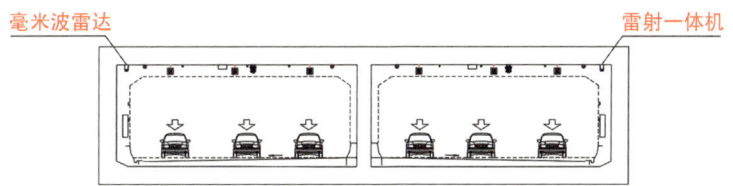

图5-43　毫米波雷达布局示意图

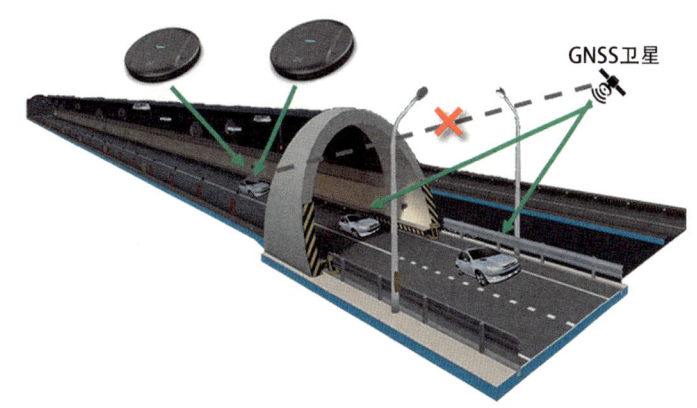

图5-44　隧道位置服务系统

系统通过射频矩阵基站利用射频信号提供位置服务，支持大众普通手机。在大型隧道内安装多个阵列基站，可覆盖更大范围、提供更高精度的位置信息。系统为隧道内外一体化定位，适用于长大隧道等场景，提供地上地下无缝衔接的定位导航服务。配套的管理平台，需实现下列功能。

（1）定位导航：隧道运营人员可通过手机定位当前位置，规划路线至目标地点。

（2）动态点名：后台可发起一键点名，指定人员回应。

（3）监控联动：可根据事件位置自动调用附近摄像头，查看现场情况。

（4）轨迹回放：指定任意时间段，回放人员、车辆的行动轨迹。

（5）智能巡检：后台可制定巡检规范，当巡检人员偏离巡检路线时，系统会自动提醒。

（6）超时停留：指定区域停留时间过长，系统可发出报警，确保相关区域安全。

（7）脱岗监测：人员离开规定区域，系统报警提醒。

（8）危险区域：人员靠近重大危险区域或禁止进入区域时，系统报警提醒。

3. 入口超高超限智能监测与联动管控

该系统通过洞口闸机、可变情报板、信号灯（或车道指示器）、定向声广播、声光警示设备等，实现火灾、管养等情况下，临时管制隧道内的交通流，防止突发事件造成的人员伤亡、拥堵加剧等（图5-45）。系统主要功能包含以下几方面。

（1）智能检测：入口前设置超高检测器，检测车辆超高事件。

（2）及时预警：检测到超高事件后，改变相应路段车道指示器为禁止通行状态，同时启动声光报警器。

（3）视频联动：在检测到超高事件的同时，触发相应路段监控视频，拍照取证。

（4）轨迹跟踪：对误入的超高车辆进行轨迹跟踪并启动联动管控预案。

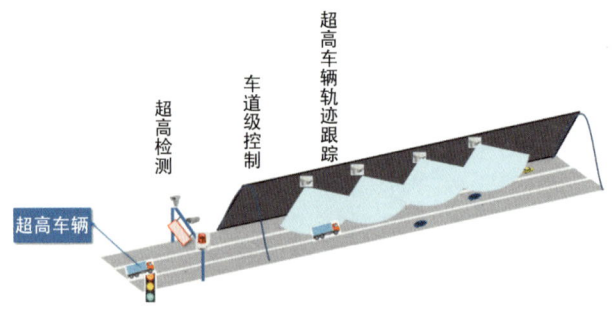

图 5-45 隧道入口超限控制系统

4. 轨道式巡检

系统以智能巡检机器人（图5-46）为核心，结合综合管理平台、高速网络通信系统、安全高效的电源系统和一系列先进技术，可实现对隧道环境与设备的不间断监测以及灾害预警与处置。

图 5-46 隧道智能巡检机器人

1）日常巡检功能

智能巡检机器人的自动巡检功能使其能够自主完成隧道的巡检工作，从而代替人工巡检，具有高度自动化和智能化的特征。自动巡检模式主要有自动例行巡检、人工遥控巡检和特殊巡检等，各种模式之间支持互相切换。智能巡检机器人能够按照事先设定的巡检模式完成任务，按照既定的规则完成隧道内各处的温度测量及环境监测等巡检活动。

2) 应急管控功能

(1) 事故现场实时查看及处理。当隧道内发生事故时，智能巡检机器人能以不低于 8 km/h 的速度运行至事故现场，查看现场情况，辅助处理事故，多角度取证，通知并组织救援或疏导。

(2) 应急视频、应急指挥、救援。当隧道内停电或者发生火灾等突发事件时，智能巡检机器人能依靠内置电池和 AP（Access Point）漫游网络，继续为隧道提供实时现场视频和图像。机器人内置的实时声光语音预警系统，可以播放系统预存语音或者开启实时对讲，进行远程声光语音指挥及疏导等。

(3) 当隧道内有养护作业封道施工时，系统可以开启沿线所有的分布式音频系统，及时提醒后方车辆谨慎驾驶，降低二次事故的发生率；当隧道内有养护人员沿线巡视时，也可以根据养护人员实际位置开启不同位置的分布式音频，形成移动式声音预警区域，有效保障养护人员的人身安全。

5.3.4 数字孪生平台

智慧隧道数字孪生平台，基于数字孪生的三维技术，深度融合人工智能、物联网、大数据分析等新一代信息技术，构建隧道及其各系统的数字模型，实现可视化管控目标，其涵盖三维数据重建、全息感知数据接入、微观交通仿真和孪生交互引擎等内容（图5-47）。

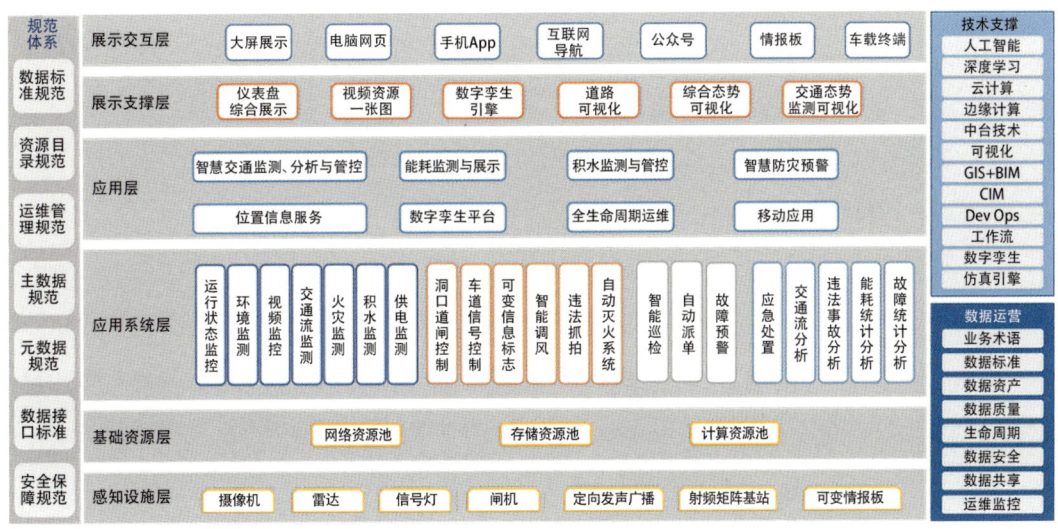

图 5-47 数字孪生平台总体架构

该系统主要包括以下几大功能模块：隧道实时运行监测模块、应急联动指挥模块、历史事故分析模块、隧道安全风险判别模块以及设施设备可视化管控模块。

隧道实时运行监测模块通过对接隧道视频系统和智能感知设备，实时监测隧道内的交通状况和车辆运行情况，精准识别隧道内的交通事故和火灾事件，并及时发布预警。应急联动指挥模块是指当隧道发生应急事件时，智慧隧道数字孪生平台将立即自动匹配预先设置的应急预案，待人工完成对事件类型与级别等关键信息的审核确认后，启动应急联动机制，从而有效提升应急事件的处置效率，保障隧道通行安全，并详细记录事件处置流程及进展情况。历史事故分析模块用于分析隧道历史事故数据，为隧道事故预防策略的制定提供参考。隧道安全风险判别模块综合隧道交通运行情况、事故发生情况、环境条件等因素，可对隧道安全风险等级进行评估。设施设备可视化管控模块可对隧道内所有机电设施、智能感知设备进行可视化监管，实时监测设备运行状态，并根据隧道内照明需求远程控制设备状态。

黄河大道智能化建设项目近期以解决问题为导向，在常规隧道机电系统基础上，新增了隧道智能化典型场景示范应用，实现了对隧道交通运行状况的全息感知、全面洞察以及一屏管控效果。打造"动""静"结合的国内领先数字孪生隧道，为隧道管理者提供全天候、全角度的模拟仿真监控功能，通过与视频监控联动，获得与实景相融合的监控效果；通过采集隧道视频监控画面、车辆运行轨迹数据以及各类隧道监测传感器反馈的信息，实现隧道运行态势可视化，为交通管控提供决策支撑；同时对隧道设备设施部件的运行状态予以监管，实现养护作业的动态呈现与综合分析，提高了运维效率，进而提升了黄河大道隧道运营安全与效率水平。

5.4 城市主干路智慧道路项目

5.4.1 项目概况

东方红路提质改造项目位于长沙高新技术产业开发区（以下简称长沙高新区）。项目北起黄金大道，南至看云路，全长 7 450 m。道路整体呈南北走向，北通望城区，南达湘江新区，是长沙高新区建成区唯一一条打通南北的交通大动脉。道路沿线与黄金西路、青山路、岳麓大道、桐梓坡路、谷苑路、文轩路、枫林三路、纳秋路、看云路等 25 条道路相交。

5.4.2 现状分析

全线已实施部分智能化改造的路口有 14 个，改造内容包括电警、卡口和视频监控

(枪球联动摄像机），总体上前端感知系统覆盖面窄，智能化程度不足。

高峰期道路通行效率低，信号控制系统有待优化。道路沿线灯杆杂乱无序，造型各异、功能单一，杆件重复建设，影响市容市貌。

长沙高新区智慧交通平台包含公安集成指挥平台、大联合指挥调度管理平台、道路交通运行指数平台以及数据中心。

公安集成指挥平台可实现道路交通基础信息管理、交通监控视频联网、非现场交通违法管理、机动车查缉布控、交警执法站管理、应急指挥调度等功能。

大联合指挥调度管理平台可实现警情处置、查缉布控、电子巡逻、日常勤务、分析研判等功能。

道路交通运行指数平台可实现主要干道的拥堵情况状态分析以及断面交通拥堵预测功能。

数据中心，其所需的计算、存储资源依托长沙市政务云建设，形成高新区的"交通云"。

根据东方红路两侧的产业结构，结合东方红路沿线区域的土地利用规划，将东方红路分为以下4个路段来考虑。

黄金大道—岳麓大道段，两侧以居住为主；岳麓大道—桐梓坡路段，两侧以工业厂房为主；桐梓坡路—枫林路段，两侧以商业为主；枫林路—看云路段，原为共建区，两侧以商业、学校及居住为主（图5-48）。

图 5-48　道路分段

道路分段与特征分析如表 5-6 所示。

表 5-6 道路分段与特征分析

分类等级	道路功能	交通特征	智慧化需求	路段
一级路段	连接麓谷高新企业园，支撑片区高端产业发展	高峰通勤，瞬时交通量大，通行效率要求高	车流信息及行为精准监管、交通流信息采集及路况状态及时发布，路网及停车诱导、公交站台智慧化	黄金大道—岳麓大道段
二级路段	连接居住区，支撑交通出行	短时到发，交织密集	车流违章监管，路况监控，停车诱导，公交站台智慧化	岳麓大道—桐梓坡路段
	连接居住区和企业园，支撑交通出行			桐梓坡路—枫林路段
三级路段	连接居住区、学校、商业休闲区，支撑交通出行	慢行休闲	车流违章监管，生活信息发布，5G 等便民措施，公交站台智慧化，慢行安全监控	枫林路—看云路段

5.4.3 总体方案设计

基于东方红路在地面交通、安全性、运维管理等方面存在的问题和需求，本次设计方案在兼顾传统道路监控功能的同时着力于对其进行优化与提升，以达到安全、节能、高效的运行管理目标。该平台主要包括 1 个支撑体系、1 个平台大脑、5 个应用模块以及 N 个场景应用，总体方案如图 5-49 所示。

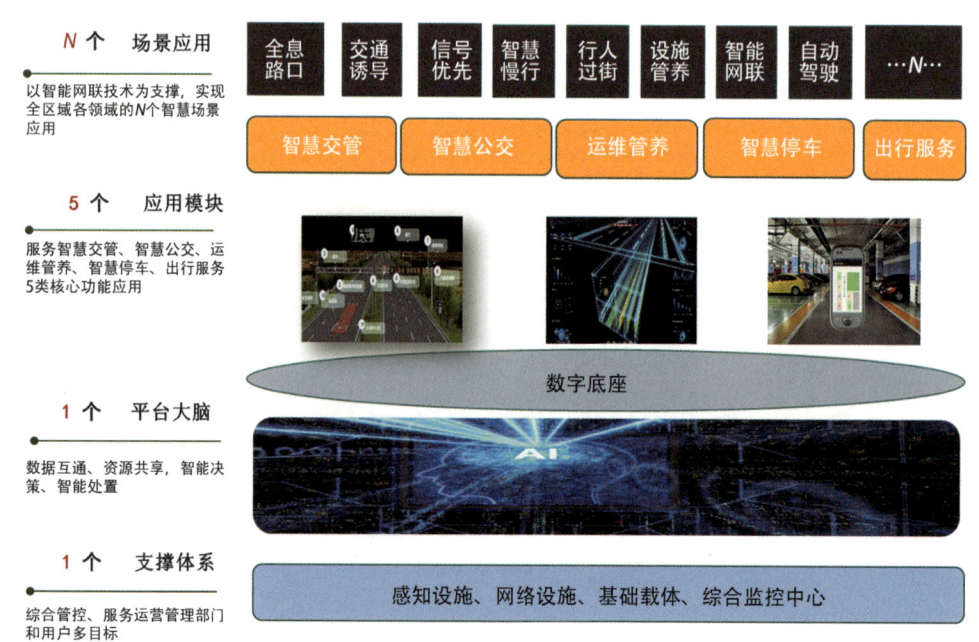

图 5-49 总体方案

1. 支撑体系设计

1) 基础载体设计

在满足业务功能要求和结构安全的前提下,各类杆件应按照"一杆一设计"的原则进行合杆,如图 5-50 所示。照明、交安、交通监控、通信、指示牌等各类设施应利用 5G 多功能智慧灯杆或智慧多功能杆进行设置。

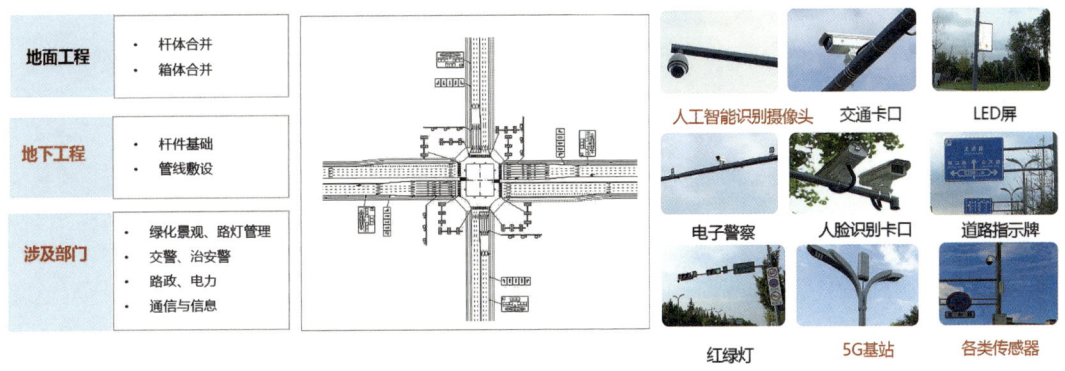

图 5-50 综合杆设置

2) 感知设施设计

感知设施设计能够优化对人、车、非机动车、道路、公交站台等的监控及信息采集方式,实现全路段与交叉口的分类监控以及信息全面采集,对交通事件和违法行为进行自动识别并给予实时反馈,辅助相关处理流程(图 5-51)。

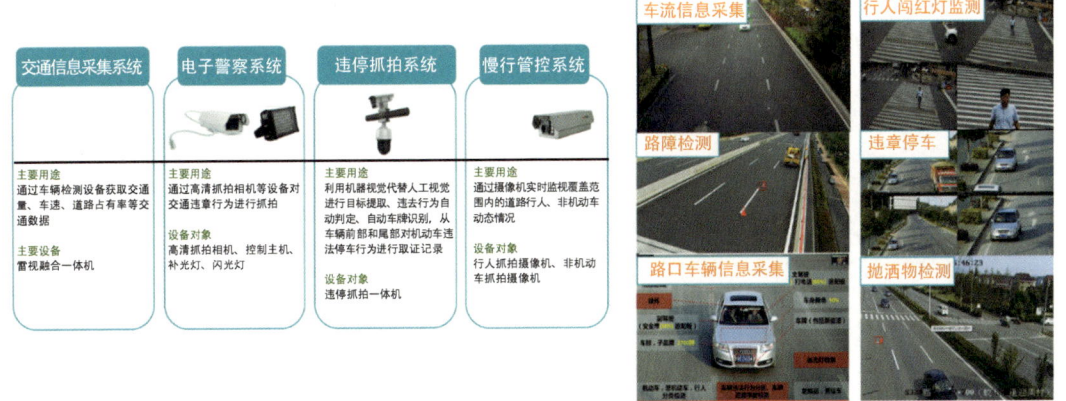

图 5-51 交通感知

3) 网络设施设计

将路口全息感知设施设备、行人信号灯、停车诱导屏、智慧慢行设施、违停抓拍机统一接入视频专网系统,通过运营商的光纤,直接接到交警的视频专网局域网。沿线公交站台智慧化设施可通过运营商的裸光纤,接入交通局和公交公司的政务外网。

4) 综合监控中心设计

基于长沙高新区已有平台应用软件、支撑软件、服务器、存储设备、网络及安全设备等,利用已有大屏幕显示系统,满足日常运营管理需求。

2. 应用模块及场景应用

高新区智慧交通管理平台主要包括全息路口、智慧交通诱导、智慧停车、智慧斑马线、智慧行人过街预警等模块,该平台可实现模块间的数据交互和信息共享。

5.4.4 各功能模块设计

1. 全息路口模块

1) 系统概述

东方红路多个路口存在机动车、非机动车、行人汇集穿插的现象,给交通秩序管理带来了很大的压力。通过实时跟踪这些复杂点位的交通参与者的情况,并对其轨迹进行全景再现,有利于对交通的精确化管理,提高路口的通行效率。

智慧路口应用系统主要是通过路侧全息感知,结合人工智能、大数据、云计算等前沿技术,搭建具备实时分析、研判、预测、优化和控制等功能的车道级别精细化交通管理和智能化交通辅助决策平台。该平台以高精度地图为背景,利用多种感知设备采集数据,并通过云端计算实现数据融合,最终形成对路口监控范围内行人、非机动车、机动车以及信号灯灯态等全要素的实时场景直观展示和结构化数据的精准体现。全息路口概念图如图5-52所示。

该模块可全面远程掌握监控范围内发生的所有事件,解决了传统监控存在的多视频间切换困难、多视频间有盲区、历史视频角度无法调整等问题,在可视化展示宣传、事件监测、配时优化、组织优化等方面都能提供精细化的数据支持。

2) 建设方案

根据东方红路主干路的交通流特征,以及该路段的交通流规律、相交路口的车道规模,选取9个路口作为全息路口的建设点,如图5-53所示。

系统架构分为前端感知、数据传输、云端计算与存储、可视化展示四部分。其中,前端感知包括两部分。其一用于实时感知路口交通流;其二为路口内感知,包括十字路口每个方向的信号灯杆上部署的1台毫米波雷达,每个方向的监控杆上部署的1台枪式摄像机,如图5-54所示。

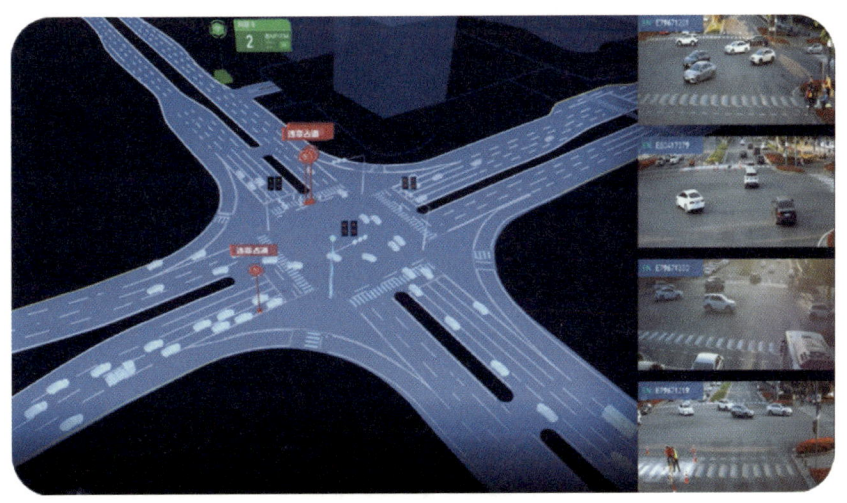

图 5-52 全息路口概念图

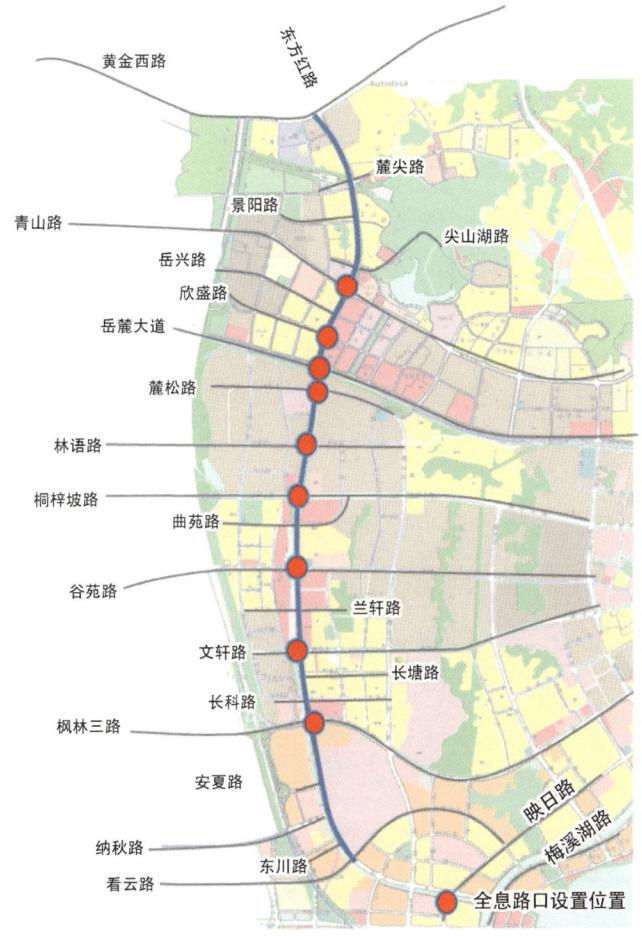

图 5-53 建设点位

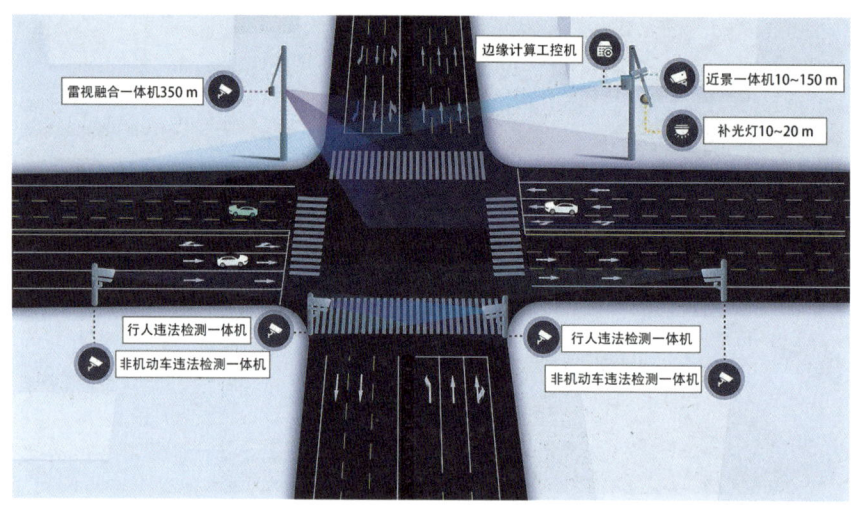

图 5-54 交叉口道部署示意图

感知设备和云端之间的数据传输通过视频专网完成。

云端计算与存储分为三部分。一是路口静态信息的存储,包括路口高精度地图、路口配时方案等信息的存储。二是视频数据的融合及存储。三是视频分析得到的结构化数据的存储。可视化展示包括实时场景和历史场景的再现,以及动画和指标数据的展示。

3)功能设计

智慧路口应用系统主要应用于城市交通管理的业务当中,其系统功能覆盖的应用场景包括路口全息感知呈现、交通行为及事件实时监测、路口信号配时优化与评价以及交通组织优化。

(1)路口全息感知呈现。

全息感知指的是对路口全要素实时交通状态、交通管理与服务成果前后进行数据对比,以及对扰乱秩序行为的记录进行整体呈现。

(2)交通行为及事件实时监测。

系统能够精准检测车辆属性并进行车型识别,同时对行人、非机动车、机动车的轨迹或状态,以及配时信息等全要素予以记录,还支持路口监测范围内所有事件的全角度监测与回放。系统记录的车辆超速、逆行、违停、占用非机动车道行驶,以及行人和非机动车闯红灯等信息,可进一步输出至事件检测平台,实现自动化的实时事件检测与报警功能。此外,系统记录的无死角可视化信息能够为事故定责提供支持。

(3)路口信号配时优化与评价。

系统具备的全要素感知与记录能力是实现精细化配时与优化的基础。全息路口能够提供精细化配时所需的全部信息，这些信息可由系统输出至信控优化平台，为路口信号配时的实时在线优化提供支持。同时，从方案评价、路口交通评价到干线交通评价等多个维度，系统支持管理者按照不同的时间粒度、空间粒度、指标维度进行综合评价，支持生成多种可视化报表，从而助力交通管理者了解城市整体交通运行状况以及方案优化效能。

（4）交通组织优化。

系统依托高精度地图能够精确记录行人、非机动车、机动车的行为，再现拥堵状况和各种冲突场景，同时，通过可视化呈现和指标数据相结合的方式，为后续组织优化方案提供依据。

如图 5-55 所示为百度智慧路口系统功能。

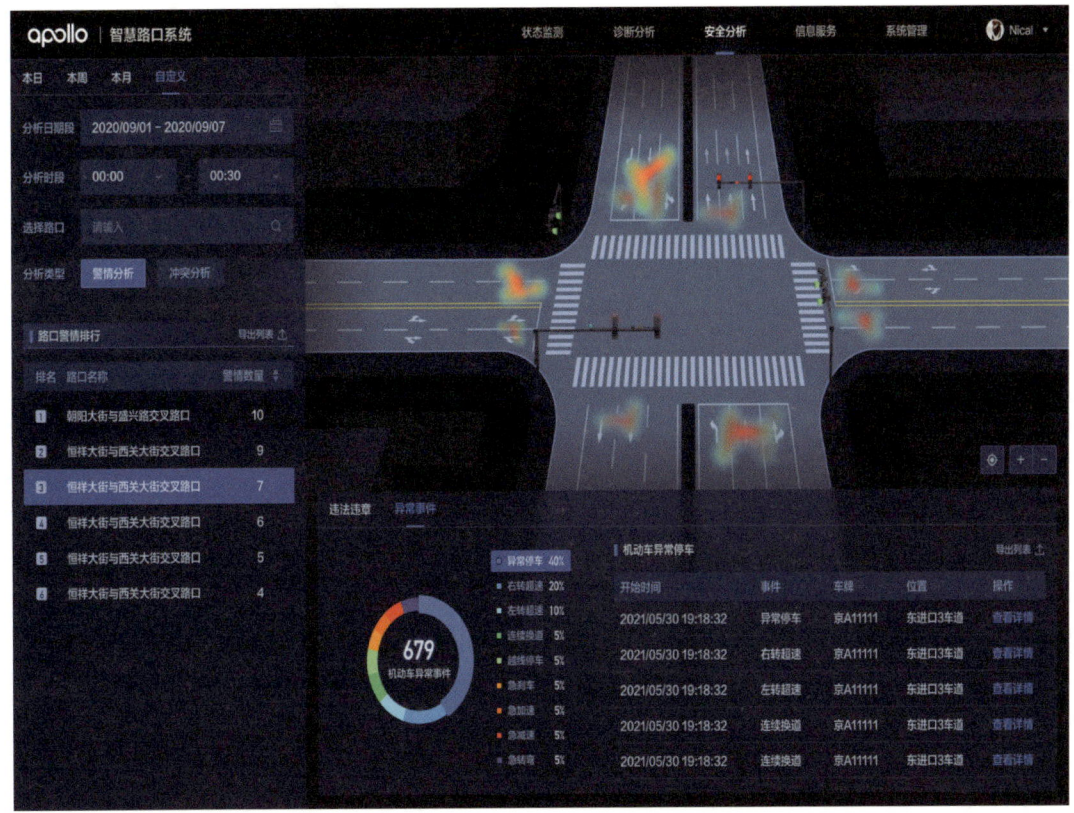

图 5-55　百度智慧路口系统功能

2. 智慧交通诱导模块

1）系统概述

交通诱导系统是一种面向城市交通出行服务的信息化系统。系统将牌识数据源、固定数据源、浮动车数据源作为输入，结合各种数据源不同的特性及优势，利用融合算法，输出多源信息融合实时路况，比单一数据源的实时路况输出结果覆盖范围更广、精度更高。系统能分析并发布路段行车、路口行车的交通路况状态，并通过路口布置的交通诱导可变信息标志，为交通参与者选择合理的出行路线；同时，为交通管理者提供道路行车数据分析及统计信息、道路异常信息报警，为指挥调度提供可视化的数据支持，达到有效预防和缓解交通拥堵、实现路网交通流均衡分配、减少车辆在道路上的行程时间等目的。

2）建设方案

交通诱导系统由 4 个子系统构成，分别是信息采集子系统、网络传输子系统、中心分析子系统和信息发布子系统。前端负责采集车辆信息，这些信息经过中心分析子系统计算后，可得出实时路况交通状态。此外，工作人员也可以通过视频监控，以人工判断的方式确定路况交通状态。最终，路况信息在外场交通诱导屏上予以公布，进而实现对道路路况交通状态的实时通报。

3）功能设计

交通诱导系统外场设备布设分 3 个层次：一级诱导（面向路网的路径指引）、二级诱导（面向路段的时间信息发布）和三级诱导（面向交叉口的三级信号诱导）。

（1）一级诱导（面向路网的路径指引）。

一级诱导选择快速路、互通式立交以及高架桥等重要路段和节点作为简化道路网络拓扑的弧段和节点。一级诱导前端设备主要有 3 种形式：大中型普通全彩显示屏、大中型路网智能指路标志和辅助文字动态显示屏（条屏）。

一级诱导主要针对进入主城区的车辆，在较大范围内开展选择性路径的推荐与筛选工作，同时为驾驶员提供到达路径重要节点所需时长的定量信息。对于道路拥阻状况，则通过不同色块呈现，为驾驶员提供定性、直观的信息。此外，辅以简洁文字，针对区域性交通事件（诸如交通事故、故障车占道、占道作业和交通管制等）给予提示，帮助驾驶员提前规划好路径。

（2）二级诱导（面向路段的时间信息发布）。

二级诱导选择主干路、易堵路段以及主干路相交路口等重要路段和节点作为简化道路网络拓扑的弧段和节点。

二级诱导主要针对进入主城区的车辆进行小范围内的战术层面的行车诱导。对于路径连续的目的地，通过预测到达时间给予车辆连续指引。辅助文字可提供邻近区域交通事件（交通事故、故障车占道、占道作业和交通管制等）提示信息。此外，还可提供其他交通动态信息,例如停车诱导信息,采用红、黄、绿三种颜色表示各停车区域的不同泊位状态,其含义可通过设置辅标文字加以补充说明。

(3) 三级诱导（面向交叉口的三级信号诱导）。

三级诱导的出现,其核心思路是在"时间"与"空间"两个要素上作同步优化,把"交通标志、标线、信号灯"这三种实体的交通信号设施有机地组织联系到一起,通过通信、传感、数据融合等技术手段,使这些物理工具能够真正替代人（如警察的指挥手势）发挥作用,从本质上来说,这相当于人工智能在交通工程领域的落地应用。

三级诱导:第一级,是将传统的静态信息指路标志进行升级,使其具备数字时间显示功能,配备可变 LED 光带,且文字图形能够发出清新光色,打造为时空同步发光指路标志;第二级,是将传统的固化车道指示标志升级为动态可变的 LED 发光标志（要求一半以上的车道数具有可变特性）,与之相对应的车道地面施划无箭头的可变车道标志线;第三级,则是常见的红绿灯。

3. 智慧停车模块

1) 系统概述

东方红路沿线分布着多种停车位资源,在局部区域停车难问题突出的同时,也有部分停车资源的利用率不高。驾驶员由于没有停车位实时信息,兜转寻找停车位会花费大量时间,从而造成交通拥堵。系统通过构建物联网停车位数字化的数字基座,对沿路各类可面向公众开放的停车资源（包括露天道路停车位、封闭式停车场、相关单位停车场、部分可开放的居民小区等）进行实时信息采集,将采集到的信息汇聚后进行发布,驾驶员可通过手机端、交通诱导屏、停车诱导屏等多种渠道,随时掌握东方红路的通行状况和实时车位分布情况。该系统可实现预先分流行车和快速引导停车,从而有效提高交通运行效率,为市民出行提供便利性。

2) 建设方案

系统自下而上分为物联网层、设备管理中台、停车业务管理平台以及停车服务与大数据平台4个层面。其中,物联网层与设备管理中台是停车位数字基座的组成部分,负责底层数据采集与设备监管。停车业务管理平台主要指道路停车业务管理平台,该平台集成了停车位信息采集与道路停车智能化管理功能,构建了高效、便捷的道路停车收费与管理业务平台,改变了目前东方红路道路停车位人工收费的模式,不但可以为驾驶员提供实时车位信息,还可以通过驾驶员自助缴费提高业务管理效率,通过传感器检测计费方式控制收费流失,提高道路停车收益。停车服务与大数据平台基于下层数据和业务处理结果，直接面向驾驶员。该平台通过整合停车位运行数据、驾驶员行为数据、路况信息数据等，能够为东方红路的智慧交通进行大数据分析，从而为交通管理部门提供科学决策的支持。

（1）停车位实时信息采集。

采集道路停车位、封闭式停车场等多种停车资源的单车位实时信息，在每个停车位上安装先进的物联网无线车检器，以此构建静态交通数字化基座。其中，对于道路停车位，除了采集停车位实时信息，还能根据无人化值守需要，进行车辆照片和车牌号码的信息采集。

（2）停车诱导系统。

沿东方红路部署停车诱导系统（图5-56），不仅要建设常规的三级停车诱导屏用于发布实时车位信息，还需基于智慧停车平台，同步在驾驶员手机端推送实时停车位信息，实现"全程全量"停车引导效果。"全程"，指驾驶员可随时查询实时停车位信息，并非仅在看到诱导屏后才能获得相关信息；"全量"，指驾驶员可查询所有数字化的停车资源信息，而不仅仅是诱导屏中显示的停车库信息。图5-57为东方红路停车诱导系统效果图。

（3）设备管理中台。

设备管理中台对各类物联网车位传感器、停车诱导屏等现场硬件设备设施进行统一管理，负责设备连接、数据清洗转换、数据储存和设备在线监护等工作。

（4）停车业务管理平台。

构建统一的东方红路道路停车业务管理平台，旨在为驾驶员提供实时车位信息，以及自助缴费、无感支付、订单查询和欠费清缴等功能，同时为停车运营单位提供资源运行管理、业务智能化管理、人员绩效管理以及收费和财务清结算管理等智能化管理功能，以期提升业务收益并降低运营成本。

3）功能设计

停车难问题直接影响城市运行效率、人民群众生活便利性和体验感，在新基建加速和城市数字化转型的背景下，智慧交通成为提升为民服务水平的重点领域。建设智慧道路，实现停车位的全面数字化，构建先进的静态交通数字基座，是有效解决停车难、优化停车秩序、提升停车效率、降低停车运营管理成本以及增加停车收入的有效且必要的手段。本系统建成后将实现如下功能：

（1）完成东方红路停车位数字化建设，将采集到的各类停车资源的实时信息，用于即时发布停车引导与交通信息，减少因盲目寻找停车位而带来的冗余交通流量，从而提升

第 5 章　城市智慧道路应用案例

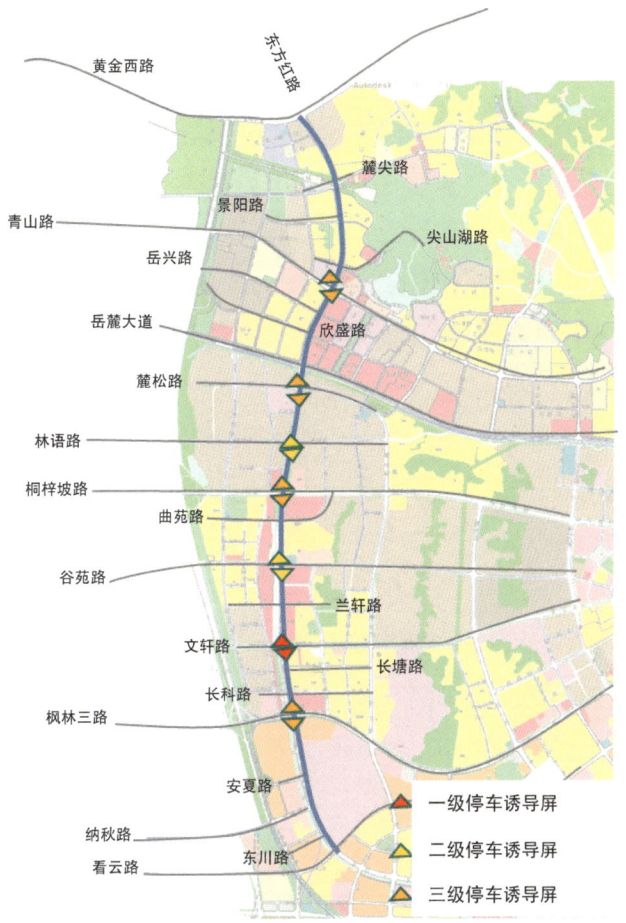

图 5-56　东方红路智慧停车诱导部署方案

图 5-57　东方红路停车诱导系统效果图

东方红路的交通通行效率和停车便利性。

（2）实现东方红路沿路停车诱导，通过三级停车诱导屏向驾驶员实时发布相关停车资源信息。

（3）实现东方红路道路停车智能化管理与服务，提升停车运营单位的智能化管理水平，降低人工管理成本，实现产业升级。

（4）实现面向驾驶员的远程智慧停车引导和预先分流，驾驶员可在手机端查询实时空车位信息，实现便捷停车，享受自助缴费、无感支付等服务，同时能够利用共享停车资源，进一步提升智慧城市生活中的便利体验感。

（5）实现停车资源运行、业务管理、客户服务、停车收费与服务等多方面的大数据汇聚和积累，便于进行静态交通大数据分析，为政府科学决策提供有力支持。

4. 智慧斑马线模块

1）系统概述

智慧斑马线系统的设计目的：阴雨雾天、夜间道路能见度低的情况下，在与车行信号灯联动的逻辑规则内，通过地面智慧发光砖的亮灯、颜色变化、闪烁、推进等效果，提醒机动车驾驶员礼让斑马线上的行人，同时提醒过街行人特别是"低头族"快速安全地通过斑马线，从而减少斑马线上的事故发生率。智慧斑马线系统同时也是夜间经济、城市、社区景观亮化的重要组成部分。

2）建设方案

智慧斑马线系统整体架构由硬件层、传输层、应用层和用户层组成。

硬件层包括智慧发光砖（含发光砖底座、槽钢预埋件）、语音提示桩、控制系统柜以及各类线缆等。

传输层包括AI识别、地面发光警示、语音提示、文字提醒以及信号灯提示等。

应用层由整套智慧交通系统的各应用模块组成，包含智能警示系统、智能感应系统、智能同步系统以及智能表示系统。

用户层是指人性化设计中考虑的各种角色，包括过街行人、机动车驾驶员以及交通管理者等。

硬件层的智慧发光砖在路口设计上分为三个功能区域应用，即汽车停止线、行人等待线和人行横道线。理论上，每个路口的各功能区域可以采用不同规格型号的智慧发光砖，如需考虑系统外观的整体性和应用产品规格的一致性，也可以用同一种规格型号的智慧发光砖，并通过在不同空间区域的布局以及在不同时段显示的颜色差异来区分其各自的功能。

图 5-58 为东方红路智慧斑马线实施点位。

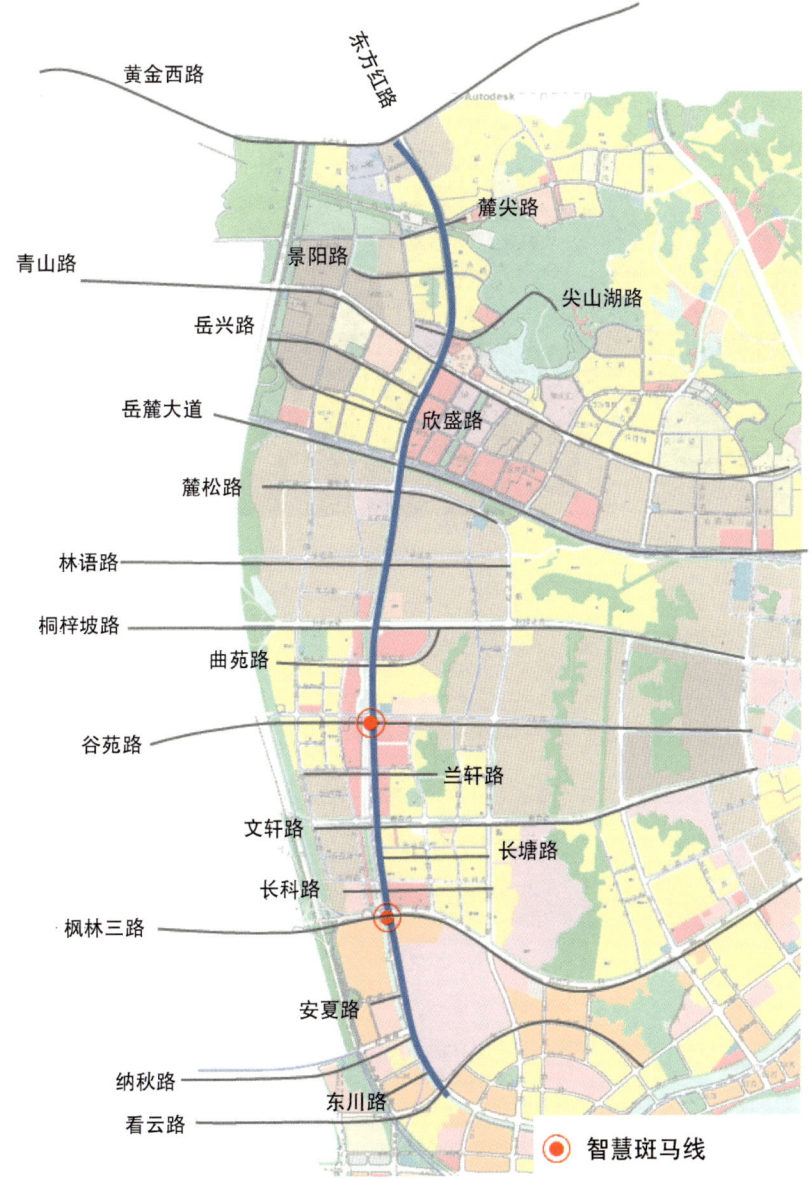

图 5-58 东方红路智慧斑马线实施点位

3) 功能设计

智慧斑马线可随着红绿灯的变化而显示，并在显示过程中展现出滚动变化的效果。未来，它还可以集成重力感应和车路协同传感器，与自动驾驶车辆实现联动，从而起到安全提示的作用。

图 5-59 为东方红路智慧斑马线效果图。

图 5-59　东方红路智慧斑马线效果图

5. 智慧行人过街预警模块

1）系统概述

针对东方红路部分路段缺乏灯控的过街情况，设计了在路段行人过街处布设安全警示道钉的解决方案，旨在消除因车辆行驶速度差异、驾驶员视线受阻、行人过街安全意识不足等因素导致的安全隐患。这一方案能够实现行人安全过街的主动预警，为行人营造安全舒心的慢行环境。

2）建设方案

布设红外热成像行人检测器和发光道钉。在夜晚光线较暗时，当红外热成像行人检测器检测到行人进入人行横道，发光道钉会自动闪烁，提示车辆驾驶员，保障行人过街安全。

在人流量较大的主要交叉口设置慢行信息服务屏，为公众提供丰富的慢行指引信息，为行人带来便利。

图 5-60 为东方红路行人过街信号灯实施点位。

6. 系统接口设计

东方红路新建的智慧化系统，可接入现有的长沙市高新区智慧交通平台，并依托长沙市政务云实现数据资源和存储资源的拓展。该平台集地面道路智慧管控、交通诱导管控、智慧停车、智慧慢行等多功能于一体，可实现数据共享与大数据分析，为交通、交警等部门提供道路协同管理，促进政府部门的协同治理。

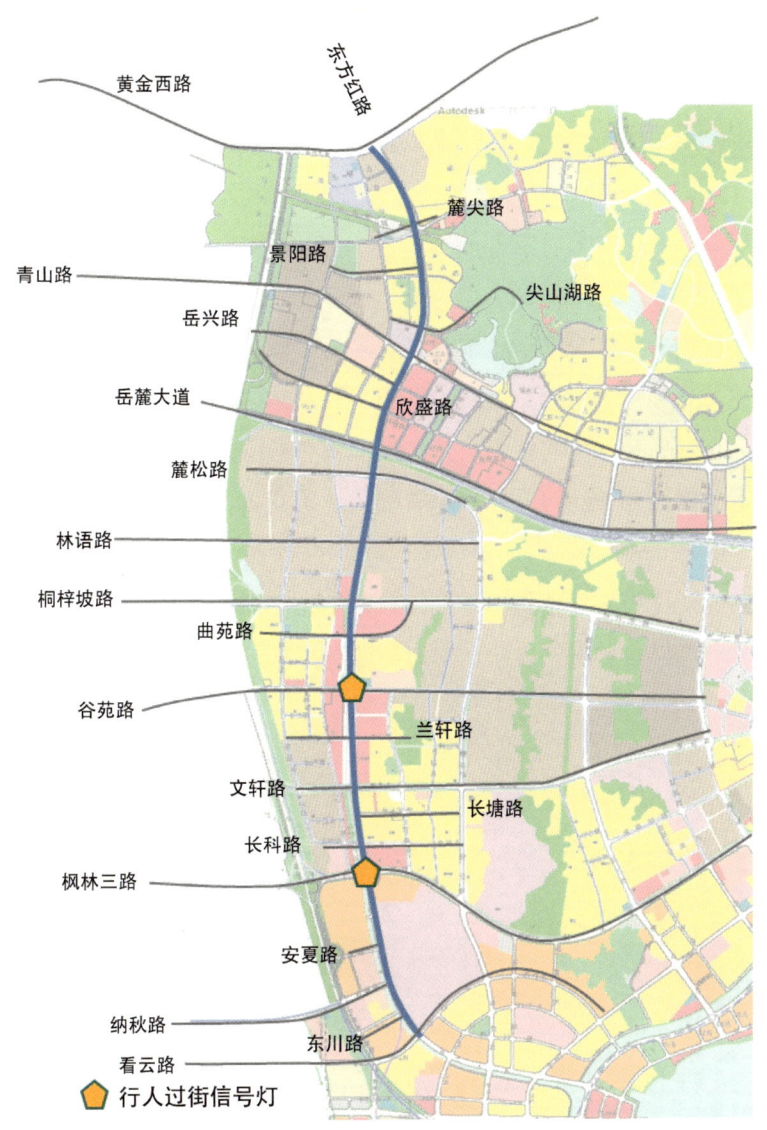

图 5-60 东方红路行人过街信号灯实施点位

对于项目新增系统,后续建议继续接入长沙市高新区智慧交通平台,主要接入内容包括信号控制接口、诱导控制接口、视频查看控制接口、设备工作状态查询接口以及 GIS 接口等。

5.5 片区无人驾驶应用规划项目

以上合示范区无人驾驶应用规划为例。

5.5.1 规划范围

上合示范区即"中国-上海合作组织地方经贸合作示范区",位于山东省青岛市。上合示范区无人驾驶应用规划项目按照"1+7"发展格局进行布局。"1+7",即 1 个市域层面+7 个重点片区层面(图 5-61)。

(1) 上合核心区:作为区域发展的"心脏",承载核心功能,聚焦高端要素,引领全城发展。

(2) 卡奥斯新城:锚定先进制造领域,汇聚前沿科技,打造智能制造产业高地。

(3) 上合国际枢纽港:依托多港联动优势,整合物流资源、畅通内外循环。

(4) 临空经济区:融合现代商旅业态,借助航空枢纽便捷性,吸引高端商务客流。

(5) 大沽河省级生态旅游度假区:以文旅科创为双翼,深挖生态文化底蕴,孵化创新创意产业。

(6) 主城区:强化公共服务职能,优化教育、医疗、文化等资源配置。

(7) 洋河镇:深耕旅游观光产业,塑造特色乡村旅游品牌。

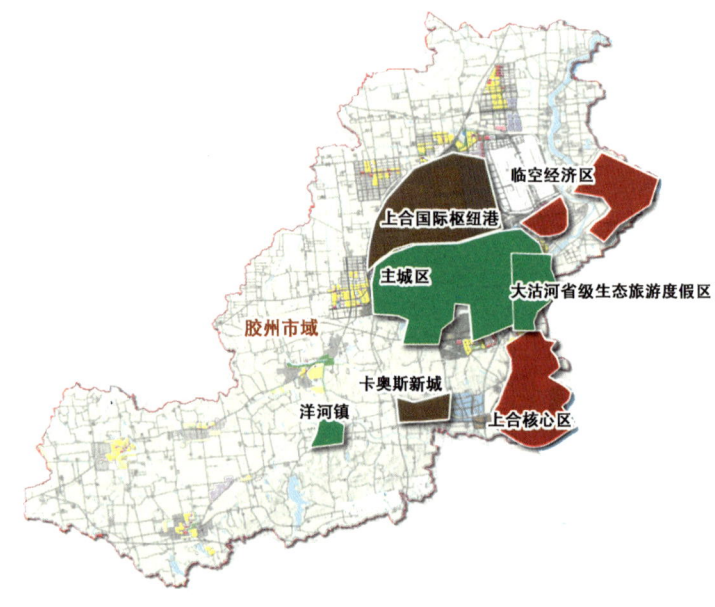

图 5-61 研究范围"1 个市域+7 个重点片区"

5.5.2 目标愿景

1. 总体规划定位

致力于建成国内领先的"智能网联汽车规模化运营创新区"以及"车-路-城协同发展示范引领区"。

实现高等级智能网联车规模化商业运营,充分发挥智能网联技术优势,赋能智慧交通体系和智慧城市建设,达成车-路-城深度融合发展态势,着力打造产业发展高地,进而带动区域上下游生态企业协同发展(图 5-62)。

图 5-62　车-路-城融合发展

2. 具体目标（图 5-63）

1）近期目标

面向智能车、城市交通、城市治理层面,实现初步的信息交互和业务协同,提升各系统运行效率和服务水平。

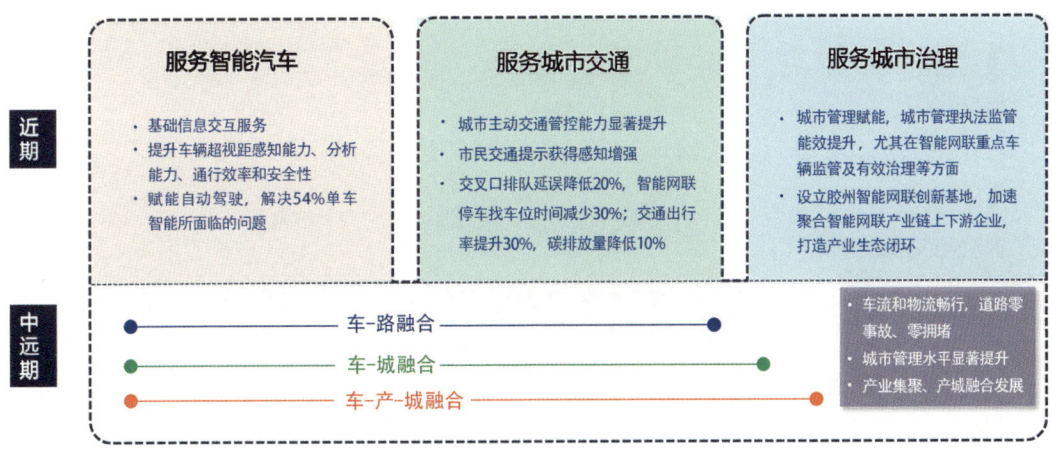

图 5-63　具体规划目标

面向智能汽车层面,搭建基础的信息交互服务体系,提升车辆超视距感知能力和分析能力,同步提高通行效率和安全性,为自动驾驶赋能,有效攻克 54% 单车智能所面临的问题。

面向城市交通层面，近期重点在于提升城市主动交通管控能力，增强市民的交通获得感。在具体指标方面，实现交叉口排队延误降低 20%，智能网联停车找车位时间减少 30%，促使交通出行率提升 30%，碳排放量降低 10%。

面向城市治理层面，赋能城市管理和执法监管能效提升，尤其在智能网联重点车辆监管及有效治理等方面。同时，设立胶州智能网联创新基地，加速聚合智能网联产业链上下游企业，打造产业生态闭环。

2）中远期目标

全方位促进车-路-产-城业务深度融合，达成人、车、路、城全方位互联互通，将智能网联技术深度嵌入城市管理业务各环节，为安全保障、应急智慧、生活配套服务深度赋能。实现车流和物流畅行，道路零事故、零拥堵远景，显著提升城市管理水平，实现产业集聚发展态势，推动产城深度融合发展。

5.5.3 体系架构

围绕智能网联汽车发展路径，按照高标准打造"智能网联汽车规模化运营创新区"以及"车-路-城协同发展示范引领区"的总体思路，建设面向车-路-城协同发展的智能网联基础设施；打造全场景示范应用，在胶州全域积极推动智能网联汽车开展规模化、常态化的示范运营，探索商业化运营的实施路径；完善配套政策与机制保障，构建"1＋1＋3"的总体体系架构（图 5-64）。

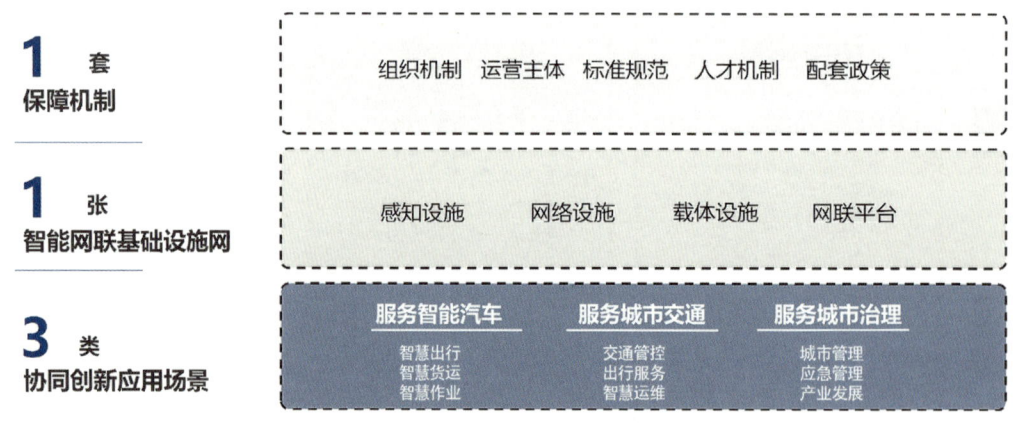

图 5-64 总体体系架构规划

1. "1"套：建设 1 套智能网联示范及运营管理配套制度体系（图 5-65）

加强智能网联顶层规划设计，加大智能网联项目相关体制机制建设和组织统筹协调力度。组织落实智能网联相关场景运营的体制机制，并明确运营主体责任，落实项目推

组织机制
- 建立智能网联工作推进协调机制
- 明确推进建设主体

运营体系
- 建设运营服务模式
- 建设运营一体化
- 建设运营分离

标准规范
- 智能网联道路建设导则指南编制

配套政策
- 产业政策(落户、运营)
- 人才政策
- 资金支持
- 自动驾驶商业化运营(产品准入、责任、安全监管等)

人才机制
- 构建车联网及智能网联汽车产业多领域人才体系
- 支持区内高校设置车联网相关专业或开设相关课程

图 5-65　1 套智能网联示范及运营管理配套制度体系

进所需的专项政策，争取配套资金支持和配套产业政策支持。推动开展智能网联道路建设所需的导则指南的编制，同步健全智能网联无人、商业化运营相关配套的准入与责任认定标准规则。结合区内高校、科研机构的人才资源优势，加快构建车联网及智能网联汽车产业多领域人才体系。

2. "1"张：构建 1 张智能网联基础设施网

立足上合全域范畴，结合道路现状及规划情况，依据道路类型、所承载的功能以及道路的性质划分不同等级道路，建设集感知基础设施、网络基础设施、载体基础设施以及网联平台于一体的智能网联基础设施网（图 5-66）。该网络致力于达成融合感知，实现动静态数据的实时采集，支撑车、路、城信息交互等，是智能网联建设的核心支撑。

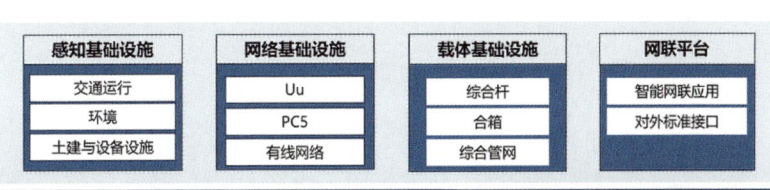

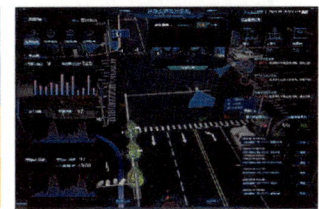

图 5-66　智能网联基础设施网

为推动项目有重点、有计划地落地，综合考虑当前自动驾驶的发展技术情况及其未来发展趋势，结合城市总体发展规划，提出了智能网联基础设施"线—区—市"的三步骤规划方案（图5-67）。近期重点结合中运量L1、L2线开展智能网联支撑设施建设，包含中运量线及结合中运量沿线片区的重点示范线，完成40 km以上智能网联道路建设。中期开展区域级示范，结合规划7大重点片区的区域定位、功能布局，开展区域级智能网联基础设施建设，初步成网。远期结合城市快线公交网络规划、城市货运通道规划，建设里程超700 km的智能网联道路网；2035年后，上合示范区全域道路全面开放智能网联运行模式，届时智能网联道路与城市基础设施将全面铺开。

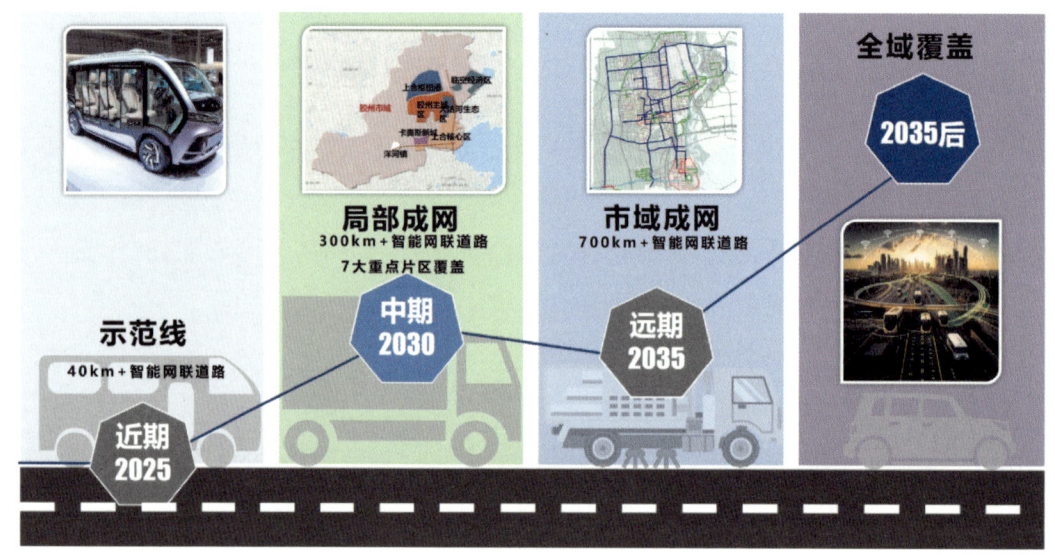

图5-67　智能网联基础设施建设规划

3. "3"类：打造3类协同创新应用场景

从服务智能网联汽车，到服务城市交通，再进一步扩展到服务城市治理，智能网联的服务范围在持续拓宽。在此进程中，深度挖掘车城融合数据价值，旨在推动高等级智能网联汽车实现自动驾驶。通过实现车、路、城之间的相互赋能，明显提升城市交通运行效率和城市智能化管理水平，进而促进民生改善。构建"车-路-城"三位一体的体系，打造智能网联汽车、智慧交通、智慧城市协同创新的应用场景体系，实现人、车、路、城之间的互联互通（图5-68）。

智能网联汽车根据其服务对象差异，即从服务人、服务货、服务特定功能3个角度出发，被归类为"智慧出行""智慧物流""智慧作业"3类场景。结合车辆的具体用途、智能网联技术的现状和进展，这些场景又进一步细分为10类，如图5-69所示。此时，结合道路类型、行驶环境和主要行驶速度等，智能网联汽车的运行场景从易到难可划分为"限定区域""城市道路""高快速路"3种类型。

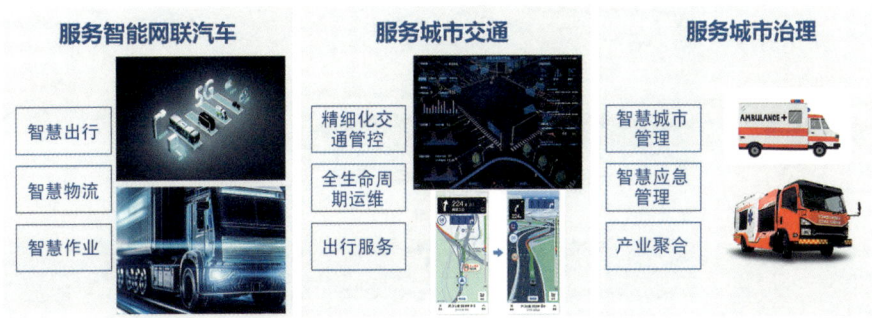

图 5-68　3 类协同创新应用场景

图 5-69　智能网联应用场景

在服务城市交通方面，立足于智慧交通和智能驾驶应用需求，围绕精细化交通管控、交通基础设施全生命周期运维以及智慧出行服务等核心领域，开展"干线协调感应控制、在线监测、伴随式信息服务等"具体功能场景的应用。

在服务城市治理方面，赋能城市管理和应急管理效能提升，加速聚合智能网联产业链上下游企业，共同打造产业生态。

5.5.4　总体方案

采取"示范先行、逐步迭代"的智能网联建设策略，持续完善胶州智能网联规划建设体制机制和具体建设内容。规划总体落地方案如图 5-70 所示。

1. "近期"阶段：开展小规模部署

结合智能网联车场景、智慧交通场景及智慧城市服务场景，开展小规模部署应用，在示范线、示范区域等限定区域内，开展以中低速运行为主的示范应用。

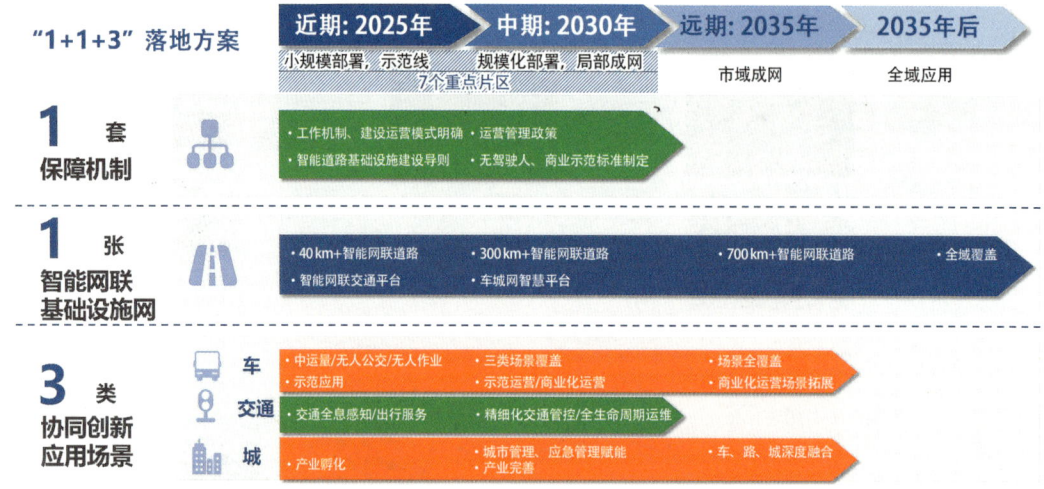

图 5-70　规划总体落地方案

配套建设重点片区相应示范线的智能网联基础设施与平台，其中，重点片区智能网联道路建设里程超过 40 km，为智能网联车、路、城市系统提供坚实的底层支撑。

此外，在规划建设之初，明确上合示范区智能网联工作机制、运营主体以及相关流程，落实相关智慧化基础设施建设导则编制工作，起到规范引领作用。

2."中期"阶段：实现规模化部署和场景拓展

进一步扩大智能网联应用场景类型和应用规模，实现智能网联场景对"智慧出行、智慧物流、智慧作业"三大场景及其子场景的初步覆盖。探索和实现智能网联车的示范运营和商业化运营，使各类智能网联场景成为交通运输、城市服务业务的重要组成部分。自动驾驶车辆运行速度将从以中低速为主的限定区域，逐步拓展至包含低、中、高速的其他城市道路和高快速路场景。智能网联场景将与城市交通精细化管控、基础设施全生命周期运维、城市管理以及生活配套服务等实现多维融合。

在基础设施建设方面，智能网联和智慧化基础设施的种类和覆盖范围将进一步扩大，重点片区的智能网联道路建设里程将达 300 km。智能网联平台将面向智慧交通和智慧城市的需求，进一步升级为车城网平台。

在保障机制方面，智能网联运营主体将随着场景拓展的推进进一步完善，同时，针对无驾驶员、商业化运营的配套准入机制和规划也将趋于完善。

3."远期"阶段：市域成网到全域应用

实现智能网联应用场景全覆盖及市域成网，打造市区快线公交自动驾驶道路网和同城货运自动驾驶道路网，累计建设超过 700 km 的智能网联道路网，进一步拓展细分场景的商业化运营，并逐步推动这些应用全域覆盖。同时，将深度赋能城市精细化管理业务，推动车、路、城以及产业之间的深度融合与发展。

5.5.5　近期、中期规划方案——7个重点片区规划研究

1. 上合示范区核心区——未来交通出行模式创新区

结合上合示范区的区域特点、现状及规划定位，面向上合示范区高品质出行、高频出行、区域环境品质要求，将上合示范区核心区打造为"未来交通出行模式创新区"（图5-71）。

图5-71　上合示范区核心区"未来交通出行模式创新区"场景规划示意

针对核心区内的商务出行需求、环湖商业串联需求、青岛大学内部微循环接驳需求，以及上合行政服务中心等标志性建筑及沿线住宅的接驳需求，充分利用区域现有的轨道交通、中运量交通及常规公交资源，并结合未来规划，打造一个互联互通、层次清晰的城市未来交通智慧出行体系。该体系涵盖3条智能网联公交线、1个自动驾驶出租车出行区以及12处自动泊车场（库），旨在提升公共交通服务品质、动静态交通服务品质，增强区域的出行可达性。

2. 卡奥斯新城——智能制造与智慧物流融合创新典范

结合卡奥斯新城的区域特点、现状及规划定位，面向卡奥斯新城高品质物流集散需求，打造卡奥斯新城"智能制造与智慧物流融合创新典范"示范区（图5-72）。

建设覆盖卡奥斯新城区域内主要自动化厂区和物流园区的自动驾驶道路网，设立面向区域物流的自动驾驶货运示范项目，对接自动化工厂及智慧物流园。通过深度整合自动驾驶技术与区域物流信息化系统，优化生产和物流流程，提高生产效率，同时缩短供

图 5-72 卡奥斯新城"智能制造与智慧物流融合创新典范"场景规划示意

应链,实现物流信息的全程自动化、可视化与追踪,从而提升整体产业链的效率和市场竞争力。

3. 上合国际枢纽港——绿色低碳物流典范

针对上合国际枢纽港强大的内外部规划物流需求,重点打造"绿色低碳物流典范"示范场景(图 5-73)。

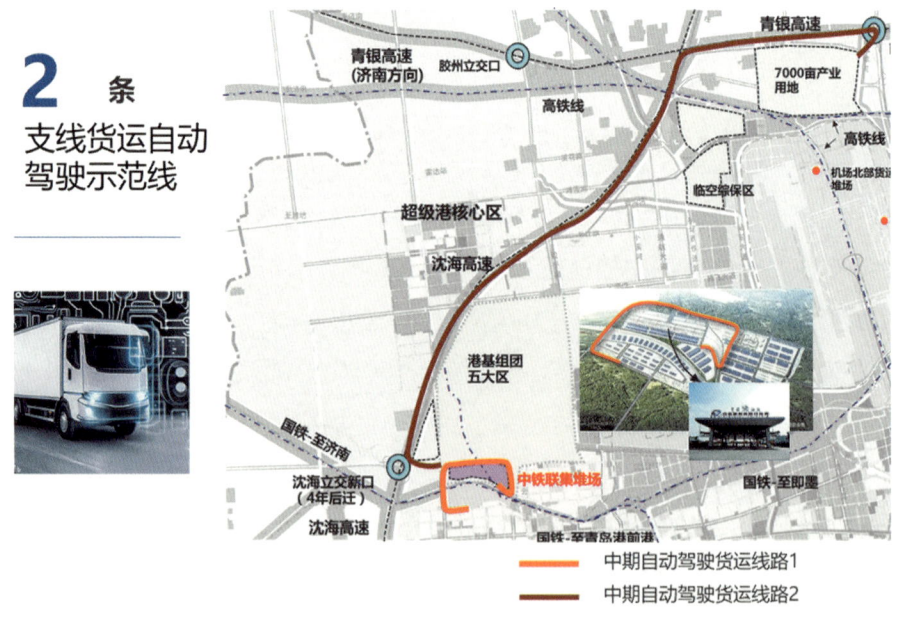

图 5-73 上合国际枢纽港智能网联应用场景规划示意

基于自动驾驶集卡和自动驾驶轻卡,打造集"多模式联运""物流信息组织""全过程自动化"等功能特色于一体的"LAAS 一站式物流平台",提升枢纽港区内外物流组织效率，优化资源配置。

在中期阶段，结合中铁联集中心站、济铁物流园集装箱交易中心、规划上合经贸产业园等，开展小范围点到点的货运自动驾驶应用。同时，利用专用通道或高速公路，连接枢纽港（包括公路港、济铁物流等）与规划中的机场南 7 000 亩（1 亩 = 1/15 公顷）产业片区，以满足其货运需求，并规划开展中远距点到点高速环境下的货运自动驾驶应用。

4. 临空经济区——临空高品质智能网联配套示范区

针对临空南部综合商务区作为高品质现代化空港新城的定位，以及其高端业态集聚、港城联系紧密、港城一站式出行需求旺盛等特点，充分利用区域现有轨道交通、中运量交通和其他轨道交通资源，为上合空港商旅文国际生态城打造全链条出行应用（图 5-74）。

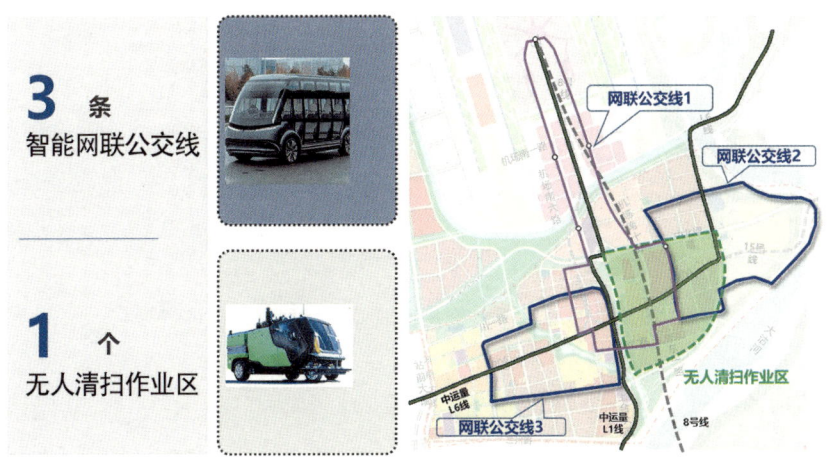

图 5-74　上合空港商旅文国际生态城智能网联应用场景规划示意

围绕上合空港商旅文国际生态城一站式、高品质出行服务的需求，构建包含"出行行程预订""路径一键规划""公共交通无缝衔接""预约制/定制自动驾驶公交""费用一键支付"等功能于一体的区域级"出行即服务平台"。此平台将全面打通基于自动驾驶接驳公交、无人出租车、"轨道交通/中运量"等多模式的交通系统，确保交通机场至上合空港商旅文国际生态城之间的出行实现无缝衔接，从而提升公众绿色出行的良好体验。此外，结合区域规划的地下转运站，示范区还将规划建设无人清扫系统，以收集商务区核心区 4.2 km² 范围内的城市垃圾，并直接对接规划的地下垃圾转运站进行集中外运。

同时，结合李哥庄镇的发展规划，中期将打造 1 条智能网联公交线，该线路将串联起李哥庄东部商务区、行政办公中心，以及新市镇内的居住区、教育机构及其他生活配套设施，与轨道交通 15 号线站点实现接驳，为乘客提供便捷的换乘服务。

在中期阶段，依托德邦快递山东总部智慧产业园，引入 AGV 小车、无人叉车等智能设备，为智慧物流园的入场物流、分拣以及出场物流等场景提供服务。

进一步地，可以考虑李哥庄物流配送中心和上合物流配送中心进行串联，利用智能网联技术开展物流配送中心之间的点到点同城货运服务，以提升物流效率和服务质量。

李哥庄镇智能网联应用场景规划示意图如图 5-75 所示。

图 5-75　李哥庄镇智能网联应用场景规划示意图

5. 大沽河省级生态旅游度假区

围绕区域内度假休闲区以及规划中的少海科创城高配置生活配套服务需求，将大沽河省级生态旅游度假区打造为"智能网联与高品质配套服务深度融合示范区"，其自动驾驶示范线示意图如图 5-76 所示。

图 5-76　大沽河省级生态旅游度假区自动驾驶示范线示意图

在近期阶段，环湖开展需求响应式智能网联巴士，提升大沽河省级生态旅游度假区的环境品质；围绕规划中的少海科创城开展末端无人配送服务，为少海科创活力中心提供高品质的生活配套服务，提升其运转效率。

在中期阶段，面向规划中的少海科创城，结合规划绿地、地下停车空间，建设区域共配中心，开展末端无人配送服务，提升环境及服务品质。

6. 主城区——综合性城市智能网联场景示范区

面向主城区公共服务核心、生活服务聚集区特点，将其重点打造为"综合性城市智能网联场景示范区"。

围绕主城区重要交通节点，打造智能接驳示范线（图5-77）。结合主城区现状及未来规划，基于区域清扫作业的需求梯队，逐步开展无人环卫示范线和示范区域建设，旨在提升环境卫生品质，并减轻人员工作负担。通过一系列基于智能网联车的生活配套服务，共绘主城区高品质办公与生活的美好图景。

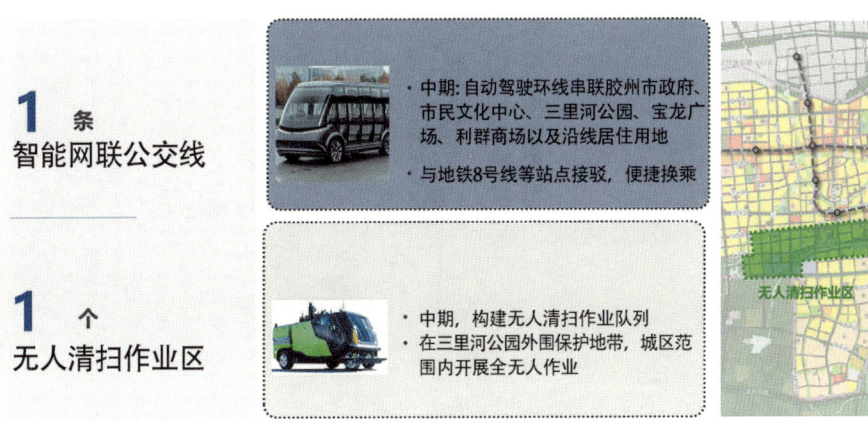

图5-77 主城区自动驾驶示范线示意

7. 洋河镇——智能网联与慢行休闲深度融合示范区

围绕洋河镇观光游和生态出行特点，重点提升慢行休闲出行体验和景区观光游览体验。重点结合艾山风景区，开展无人零售、无人巡查商业化示范应用，提升景区商业便捷度，增加游客出行获得感。其智能网联示范线规划示意如图5-78所示。

5.5.6 远期规划方案

1. 智能网联公交网

在远期阶段，为强化轨道交通、机场、车站等交通枢纽之间的快速联系，结合规划中的快线1~快线11涉及的沿线主干路、快速路网，将建设智能网联道路网络（图

5-79）。涉及道路包括香港路、扬州路、兰州路、胶州东路、广州路、福州路、温州路、站前大道、尚德大道、交大大道等，旨在支撑未来出行即服务（Mobility as a Service，MaaS）一体化出行服务。

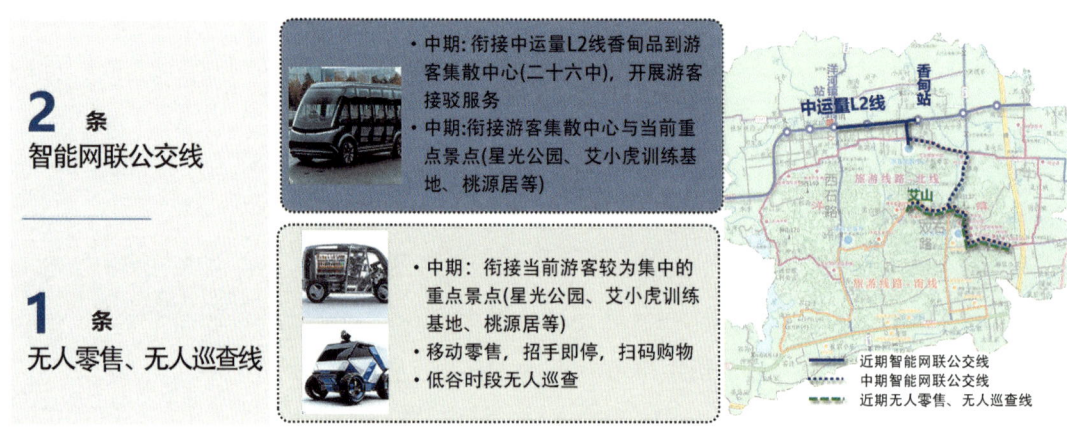

图 5-78　洋河镇智能网联示范线规划示意

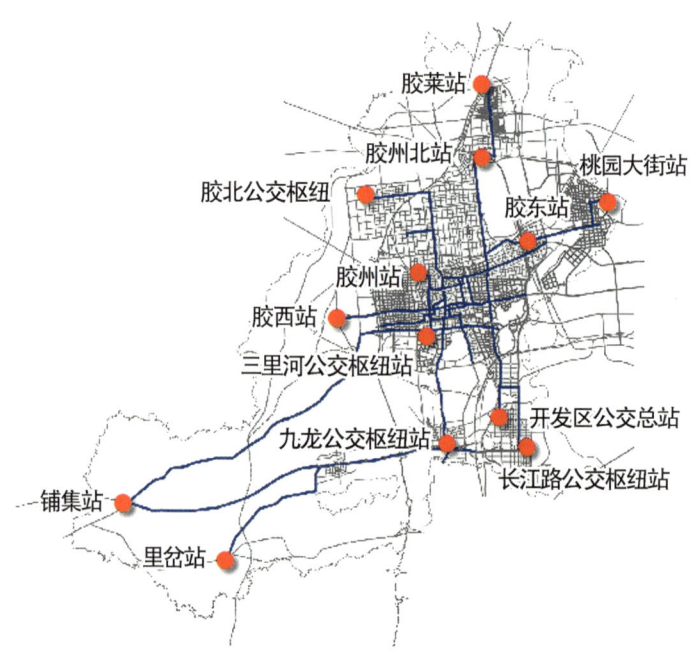

图 5-79　智能网联公交网规划思路

2. 同城货运自动驾驶道路网

在远期阶段，围绕胶州现状及规划中的内部货运集散通道，连接物流枢纽、区域配送中心以及城市网点，如上合供应链组织中心、上合枢纽港、空港物流保税区、李哥庄物流配送中心等（图 5-80）。这些通道将支撑未来干线-支线-末端全链条物流自动驾驶，提升城市配送的自动化水平及配送效率。

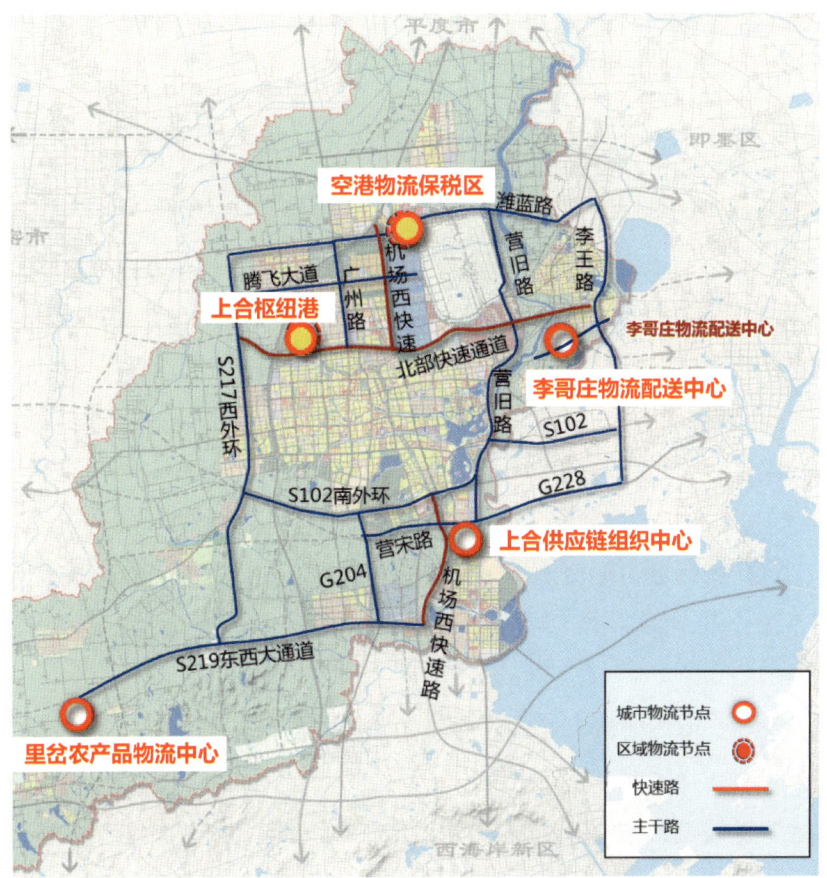

图 5-80　同城货运自动驾驶道路网规划思路

第 6 章　结论与展望

当前，新一轮科技革命正驱动交通技术与方式的变革，这一变革催生了城市道路交通基础设施的革新。随着物联网、云计算、大数据等现代先进信息技术深度赋能交通基础设施，精准感知、精确分析、精细管理和精心服务能力得到全面提升。交通工具正朝着电动化、智能化、网联化、共享化的"四化"方向发展。"四化"发展对道路交通基础设施提出了新的要求。为此，需要积极开展城市道路交通基础设施的智能化建设，系统且全面地推进信息感知技术、信息传输技术、数据分析处理技术、云平台等智能化技术的应用。通过智能化技术，实现城市道路运行效率、管理能级和服务水平的提升，这具有十分重要的意义。

本书针对城市道路数字化建设中普遍存在的认识不足、目标不明、路径不清等三类问题进行了系统分析，并探讨回答了城市智慧道路是什么、建什么以及怎么建等一系列问题。

通过系统调研，全面梳理需求，形成"城市道路数字化建设需求一张表"，这是做好城市智慧道路建设工作的前提。

针对城市道路特点，考虑不同服务主体的需求，建立城市道路数字化建设的分级标准，明确不同智慧等级应具备的服务能力及其与应用场景建设的对应关系，从而系统构建城市道路数字化建设的体系架构，并绘制出"城市道路数字化建设体系架构一张图"，这构成了城市智慧道路建设的主要任务。

从近期、中期到远期等不同层面，提出城市道路智能化建设的目标、重点应用场景建设内容以及相应配套保障政策与机制等，绘制出"城市道路数字化建设发展路线一张图"，这是推动城市智慧道路建设可持续发展的重要路径。

展望未来，数字化与智能化已成为城市交通高质量发展的关键动力，是实现高效、绿色低碳、可持续发展的核心驱动力。因此，城市智慧道路的建设必然需要进一步深化和推进。

深入挖掘应用场景仍然是关键，这需要逐步分解需求。构建多层次、多类型的应用场景体系，对于城市智慧道路建设仍然至关重要。

在推进过程中，需要遵循客观规律，坚持分级、分步、分期等原则，并应考虑与传统交通改善措施的融合，避免片面追求智能化。需要从顶层设计层面出发，做好系统规划，识别适合各自城市特点的城市交通基础设施智能化建设存在的问题与短板，对建什么、怎么建以及需要解决的关键技术和标准规范等一系列问题进行全面回答，打造多层级、多场景、多模式的区域化智慧化路网。同时，综合考虑技术发展的成熟度、投资建设成本以及实施效果等因素，城市智慧道路建设应分步实施、由点到面、逐步完善。

未来还需强化"支持智慧道路工程关键技术研究"和"研究制定智慧道路工程标准规范"，以满足城市道路智能化建设和车路协同项目的需要。

智慧道路工程关键技术研究既要注重顶层设计，对关键技术难题进行前瞻性策划和技术储备；也要紧密结合当前工程实践中已遇到的迫切问题，以此为切入点，形成可落地、有效果的技术解决方案。

智慧道路工程标准规范制定既需要深入研究标准规范体系的构建，服务智慧道路标准规范制定的长远发展；也需要同步工程实践需求，尽快出台指导行业建设的相关标准，保障项目建设质量。在构建标准体系时，可以从三个维度进行：一是标准体系层次维度，包括基础标准、通用标准和专用标准，从智慧道路工程的全生命周期来看，包括规划设计、施工建设、验收交付、运维管理及拆除等不同阶段；二是智慧道路的体系架构维度，包括数字化交通设施、感知设施、通信设施、综合杆载体设施等支撑体系；三是运营管理、运维养护、出行服务、自动驾驶、城市管理等应用体系维度。通过这三个维度的交叉，可以系统地梳理并形成一系列标准，如智慧道路总体设计导则、智慧道路分级标准、智能设施部署指南以及相关产品规范等。

应尽快总结工程实践经验，制定指导智慧道路建设的总体通用标准。通过这些标准规范，基本明确智慧道路的定义、分级体系、不同等级需要具备的功能以及针对不同类型的道路（应、宜、可）推荐建设的应用场景。同时，要明确不同场景下的功能要求，形成行业内的基本共识，以此为基础进一步细化并针对各子项制定若干专用标准。

参考文献

[1] 余朝玮,孙培翔,于棋峰.城市道路智慧化分级研究[J].交通与港航,2023,10(6):82-85.

[2] 游克思,罗建晖,刘艺.城市地下道路智慧化建设思考[J].中国市政工程,2021,(4):8-11,103-104.

[3] 孙培翔,游克思,罗建晖.上海城市地下道路智慧化建设的探索[J].交通与运输,2020,33(S2):247-252.

[4] 余朝玮,游克思,孙培翔.智慧隧道设计研究与实践:以济南黄河大道为例[J].交通与运输,2023,39(S01):62-66.

[5] 尹富秋,孙培翔,游克思,等.地下道路智慧化分级研究综述[J].交通与运输,2022,38(2):67-72.

[6] Austroads. Guide to Smart Motorways[R]. Australia:Austroads, 2016.

[7] PIARC. Smart roads classification[R/OL]. 2021SP01.(2021-09-01)[2024-01-01]. https://www.piarc.org/en/order-library/36443-en-Smart%20Roads%20Classification.

[8] 中国公路学会.智能网联道路系统分级定义与解读报告[R/OL].2022-3-23. https://www.chts.cn/cms_files/filemanager/1389253025/attach/20235/8271b114bea6483c9af6d0e44eb0186e.pdf.

[9] 交通运输部公路科学研究院.智慧高速公路建设总体技术要求:T/CI TSA 32—2023[S].北京:中国智能交通协会,2023.

[10] 叶卿,金照,邵源,等.智慧城市道路的设计与实践[M].北京:中国建筑工业出版社,2018.

[11] 黄昕,王黎,郑轶丽,等.浅析"双智"试点工作下成都市智慧道路建设路径[J].公路,2023,68(5):229-233.

[12] 慈明.城市智慧道路设计创新路径探析[J].中国建设信息化,2024(2):56-59.

[13] 中国工程建设标准化协会.智慧城市道路设计标准:T/CECS 1490—2023[S].北京:中国计划出版社,2024.

[14] 王逢宝.城市机动化背景下综合交通发展策略研究[J].城市,2012(12):62-66.

[15] 孔令斌,李紫颜.存量发展阶段的交通拥堵治理与公共交通优先[J].城市交通,2019,17(1):6.

[16] 徐猛,刘涛,钟绍鹏,等.城市智慧公交研究综述与展望[J].交通运输系统工程与信息,2022,22(2):91-108.

[17] 张晓超.我国智能网联公交发展路径探索[J].经济与社会发展研究,2022(12):185-187.

[18] 张亦弛,赵鹏超,谢卉瑜.中国智慧公交示范现状分析及展望[J].时代汽车,2021(6):35-38.

[19] 杨超,曹更永,杨松,等.智慧高速公路发展路径设计[J].中国交通信息化,2023(1):72-75.

[20] 张扬.打造"物联、数联、智联"城市交通数字化底座的思考[J].交通与港航,2022 9(3):78-81.

[21] 张志宇,阮永华,石征华. 面向智慧道路的集约化交通信息采集与服务系统[J]. 交通世界(运输·车辆),2013(4):115-118.

[22] Andrea P, Raffaele M. Smart roads: A state of the art of highways innovations in the Smart Age[J]. Engineering Science and Technology, 2022,25.

[23] Toh C K, Sanguesa J A, Cano J C, et al. Advances in smart roads for future smart cities[J]. Proceedings of the Royal Society. Mathematical, Physical and Engineering Sciences, 2019, 476(2233).